팀장의 본질

팀장의 본질

· 장윤혁 지음 ·

혼자가 아닌 팀으로 성과 내는 팀장은 무엇이 다른가

빅피시
BIG FISH

오랜 기업 경영을 통해 깨달은 점은 구성원의 성장 없이 기업은 성장할 수 없다는 것이다. 성과의 압박을 피할 수 있는 조직은 없다. 하지만 그렇기에 더욱 '사람'과 '성장'에 우선순위를 둬야 한다. 그렇지 않으면 사람은 뒷전일 수밖에 없고, 조직의 역량도 커지기 힘들기 때문이다. 이 책은 두산그룹 최연소 팀장이었던 저자가 국내외 가장 빠르게 성장한 기업들의 문화를 탐구하며 체득한 리더십 필독서다. 제대로 배울 만한 리더가 곁에 없다면 이 책을 읽는 것도 좋은 방법이다.

- 박용만(前 두산그룹 회장) -

"회사를 그만두는 것이 아니라 그들 팀장과의 관계를 그만두는 것이다"라는 말이 있다. '조용한 퇴사(Quiet Quitting)'가 회자되는 시대에 팀장의 역할은 그 어느 때보다 중요하다. 왜냐하면 팀원들이 열정적으로 일하거나 혹은 정체하다가 떠나는 데 팀장이 직접적인 영향을 미치기 때문이다. 저자는 팀장 리더십의 본질을 쉬운 언어로 잘 풀어내고 있다. 또 실질적인 방법론을 통해 어떻게 해야 팀장이 일상에서 팀원의 성장을 이끌어낼 수 있을지 조언한다.

- 최재우(前 맥킨지 파트너) -

처음 팀장이 되었을 때가 기억난다. 맡은 업무만 열심히 하면 됐던 팀원에서, 팀원들의 업무를 가이드하고 결과를 책임져야 하는 팀장 역할은 너무나 낯설고 어려웠다. '성과 내는 팀을 빌딩하기 위해 어떻게 해야 하는지 리더가 되기 전에 알았더라면…' 하는 아쉬움이 있었는데, 이 책을 그때 접했다면 큰 힘이 되지 않았을까? 이 책은 저자가 현재 큰 팀을 리딩하기까지 깊이 고민하고 경험하며 배운 귀한 교훈들이 담겨 있다. 이제 곧 팀장을 준비하는 분, 팀을 리딩하며 고민에 부딪힌 분 모두에게 큰 도움이 될 것이다.

- 허태영(마켓컬리 물류총괄 부사장) -

조직에서 리더의 중요성은 아무리 강조해도 모자라다. 이 책에는 팀원 개개인의 성장을 통해 회사를 성장시키는 법뿐만 아니라 결과를 내는 팀원을 만들어 회사의 성과를 도모하는 방법까지 잘 소개돼 있다. 제대로 일하고 싶은 팀장이라면 반드시 읽어야 할 책이다.

- 이성연(트라이본즈·파스텔세상 대표) -

저자가 팀장이던 시절의 상사로서, 이 책에서 말하는 내용은 실제 현장에 적용돼 성공적으로 인정받은 사례들이라는 점을 이야기하고 싶다. 팀원들에 대한 따뜻한 관심과 육성 그리고 팀원들의 성장을 통해 성과를 창출하는, 지금의 시대가 요구하는 바람직한 리더가 되는 노하우를 잘 정리했다. 새롭게 팀장이 된 분들과 팀장 역할 수행에 어려움을 느끼는 분들께 추천하고 싶다.

- 권영민(모트롤 대표) -

한 설문 조사에 따르면, 직장인의 85%가 좋은 리더를 만나기 쉽지 않다고 답했다. 그런 면에서 나는 운이 좋은 사람이다. 저자가 이끄는 작은 팀이 18명의 팀으로 성장하는 여정을 함께하며 이상적인 팀장의 리더십, 팀 운영 철학, 팀 성과 관리 방안과 의사 결정 노하우까지 생생히 배울 수 있었으니까. 가까이서 지켜본 저자는 팀 성과뿐 아니라 팀원 개개인의 성장과 행복에도 관심을 기울이는 리더가 되기 위해 부단히 노력하는 사람이었다. 그리고 나 역시 작은 팀을 이끌며 난관에 부딪힐 때마다 당시 저자가 전해준 조언들을 하나씩 떠올리며 앞으로 나아가고 있다. 누구에게나 처음은 늘 어렵다. 실무에만 집중하다 덜컥 팀을 이끌게 된 초보 팀장들이 시행착오를 줄이고 성숙한 팀장으로 거듭나는 데 이 책이 실용적인 지침서가 되어줄 것이라 믿는다.

- 장혜숙(카카오모빌리티 KMPS 신사업팀장) -

처음 리더가 되어 무엇을, 어떻게 해야 할지 막막했을 때 이 책의 내용이 됐을 저자의 구체적인 가이드가 팀을 운영하며 성과를 내는 데 큰 도움이 됐다. 이 책의 내용은 실제로 팀장으로서 마주하는 많은 고민에 대해 생생히 조언한다. 이 조언들을 귀담아듣는다면 팀원들이 스스로 생각하고, 제안하고, 열정적으로 일하는 팀을 만들 수 있을 것이다.

- 장원(두산밥캣 북미 전략팀장) -

유능한 실무자는 스스로 움직이고, 유능한 팀장은 팀원을 움직인다

지금 이 책의 프롤로그를 읽고 있다면 리더십 역할에 대해 고민이 많거나 새롭게 마음을 다지며 '잘해 보자'는 에너지가 충만한 상태일 것이다. 나도 두 감정을 숱하게 경험했다. 둘 중 어떤 마음이든 변화에 대한 열정을 품은 상태일 테니 당신은 이미 '행동하는 리더'다.

처음 팀장이 되던 날을 아직도 생생하게 기억한다. 평소 열심히 일했고, 그 기여도를 인정받아 최연소 팀장이라는 타이틀을 달게 됐다. 처음으로 맡게 된 팀은 팀원이 18명인 큰 팀으로, 정말 좋은 팀장이 되고 싶었다. 걱정보다 설레는 마음이 더 컸고, 자신도 있었다.

그런데 현실은 기대와 달랐다. 팀을 맡자마자 갑자기 멀쩡하게 일하던 팀원들이 그만뒀고, 팀원 간의 갈등도 있었으며, 새로 충원한 팀원은 생각보다 역량을 발휘하지 못했다. 이런 팀을 두고 주변에서도 말이 많았다.

정신없이 문제를 해결하던 어느 날, (생존을 위해) 팀장 리더십에 대해 절박하게 배워야겠다는 생각이 들었다. 실무자로서의 역량과 리더십 역량은 완전히 별개였기 때문이다.

그때부터 실리콘밸리부터 국내 대기업은 물론 중소기업까지를 대상으로 한 리더십 관련 도서를 닥치는 대로 읽기 시작했다. 주변 멘토들에게 조언을 구하고, 관련 강의도 찾아 들었다. 특히 최근 요구되는 리더십 스타일이 달라지고 있다는 점을 인식하고는 구글, 넷플릭스, 아마존의 조직 문화에 주목했는데, 그중 현실적으로 적용할 수 있는 방법은 팀에 바로바로 적용해보았다. 경험을 통해 효과가 있는 방법론은 발전시켰고, 문화적 차이 등으로 인해 효과가 없는 방법론은 버리면서 나만의 스타일을 만들기 시작했다. 물론 이 과정은 아직도 진행 중이다.

내가 이상적으로 생각하는 팀이란 '팀원들이 열정적으로 알아서 움직이는 팀'이다. 팀장의 개인기로 이끄는 팀은 팀장 역량 이상의 성과를 내기 어렵다. 우리가 팀으로 일하는 이유는 팀원들의 잠재력을 최대로 이끌어 내어 시너지를 만들고, 최고의 성과를 내기 위함이다. 감사하게도 이런 팀 경험을 여러 번 하면서 '이런 조직을 지속해서 반복적으로 만들기 위해서는 무엇이 필요한가?'에 대해 끊임없이 고민했고, 이때 내린 결론이 인간의 본성대로 리드하면 팀원의 마음을 움직일 수 있다는 것이었다.

이 책은 MZ 세대로 대표되는 팀원들의 본성을 이해하고, 그들의 동기를 유발하며, 성장시키는 방법 그리고 그런 팀원들로 이루어진 팀을 통해 성과 내는 법과 팀장으로서 갖춰야 할 기본적인 태도와 조직 관리법에 대해 다뤘다. 실제 대기업, 글로벌기업, 중소기업에 직접 적용해보며 터득한 방법론으로, 현장에서 일어날 수 있는 구체적인 사례와 적용법을 소개했다. 또 당장 실무에 필요한 무기가 부족한 팀장들을 위해 업무 과정별로 필요한 템플릿도 제공한다. 각 팀의 성격에 맞게 활용하다 보면 금세 노하우가 쌓일 것이다.

이 책에서 가장 강조하고 싶은 가치는 바로 '성장'이다. 나이가 들수록 이토록 막연하고, 뜬구름 잡는 듯한 가치에 대해 언급하는 것이 어색하게 느껴질 수도 있다. 하지만 결국 더 나은 사람이 되고 싶지 않은 사람은 없다.

팀도 마찬가지다. 팀원들이 성장해야 팀이 성장하고, 팀이 성장해야 회사가 성장한다. 그리고 회사가 성장하는 과정에서 팀원들은 엄청난 성장의 기회를 얻는다. 이 기회를 선순환 과정으로 만들기 위해서는 단기 성과에 매몰되지 말고, 장기적 시각에서 '본질'에 집중해야 한다. 팀원을 팀장의 성공을 위한 도구가 아닌 성장의 파트너로 인식해야 한다. 팀장의 본질을 통찰하면서 자신에게 맞는 다양한 방법론을 기획하고 실행하는 팀장이라면 성공은 의심하지 않아도 좋다. 필요한 것은 마음과 의지뿐이다.

그동안 넘치게 좋은 스승들을 많이 만났다. 항상 감사하는 마음으로 그분들께 배운 가르침을 나도 다른 누군가에게 전하면서 살기를 원한다. 또 멋진 팀을 함께 만들어왔고, 만들고 있는 동료들에게도 고맙다는 말을 하고 싶다. 팀이 아닌 혼자서 해낼 수 있는 일은 하나도 없었다.

이 책의 가능성을 가장 먼저 발견해 주신 빅피시 이경희 대표님에게 감사드린다. 나를 존재하게 해주신 부모님, 조건 없는 사랑을 주시는 부산 부모님, 소중한 동생 가족들, 항상 의지가 되는 친구들에게도 감사의 마음을 전한다. 마지막으로 항상 더 나은 사람이 되고 싶게 하는 사랑하는 아내 선해에게 내 인생의 첫 책을 선물하고 싶다.

차례

리더십

1장

골치가 아픈가요?
팀장이 되었다는 뜻입니다

동기 부여

2장

우리 팀원들은 왜
일에 의욕이 없을까?

초보 팀장을 위한
현실 고민 상담소

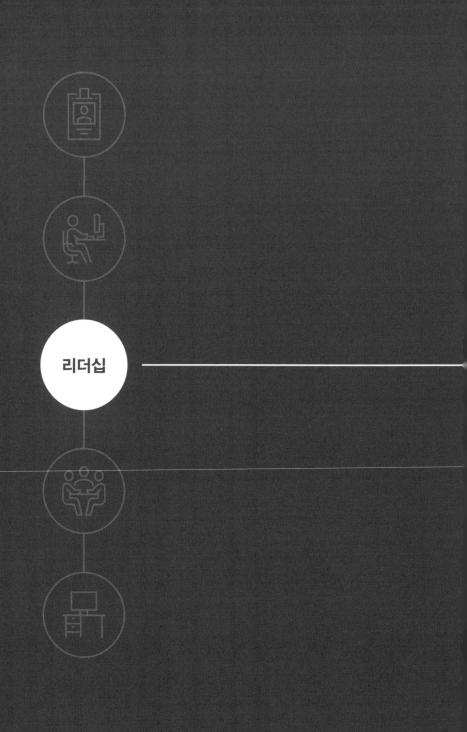

리더십

골치가 아픈가요?
팀장이 되었다는 뜻입니다

팀장은 타고나는 것이 아니라
만들어지는 것이다

유럽 주재원 생활을 하며 실무 경험에 푹 빠져 있을 무렵, 어느 날 사업부의 리더인 상무님께서 나를 불렀다.

"갑작스러울 수도 있지만, 자네가 팀을 하나 맡아주었으면 하네."

내가 맡게 될 오퍼레이션팀은 사업부의 물류 전반을 책임지는 중요한 팀이었고, 18명이 속한 큰 팀이기도 했다. 갑작스러웠다. 업무 경험은 부족했고, 팀장 경험은 전무했다. 함께 일할 팀의 중간 관리자들은 나보다 나이가 많았다. 막막함에 걱정이 앞선 나에게 상무님이 용기를 주셨다.

"자네보다 이 역할을 잘할 사람은 없을 거라고 생각하네."

그렇게 얼떨결에 좌충우돌 초보 팀장의 모험기가 시작됐다.

정도의 차이는 있겠지만, 누구에게나 팀장을 맡게 된 순간은 이렇게 갑작스럽지 않을까? 조직의 성숙도나 개인의 상황에 따라 차이가 있을 수는 있지만 "이 정도면 충분히 준비됐어"라는 마음가짐과 함께 팀장을 맡는 경우는 극소수일 것이다.

왜 미리 준비하기 어려울까?

성과가 중요한 기업과 조직에서는 결국 일 잘하는 사람을 팀장으로 우선 고려한다(이 책에서 말하는 팀장이란 기업에서 최소 단위 조직[파트, 팀, 과, 부, TFT 등]의 초보 리더를 의미한다. 또 스타트업 대표처럼 작은 조직에서 처음 리딩해보는 사람도 포함한다).

그러나 팀장의 역량과 업무 역량은 완전히 별개의 영역이다. 업무는 '내'가 하는 일이지만, 팀장은 '다른 사람'을 움직여서 일해야 하기 때문이다. 그런데 유능한 업무 능력으로 발탁된 팀장이 탁월한 리더로 준비된 경우는 드물다. 일을 잘할수록 더 많은 일이 주어지므로 일 잘하는 사람은 역설적으로 교육의 기회를 갖기 어렵기 때문이다. 미리 필요성을 인식하고 교육받았다고 해도, 리더십 역량은 사전 교육만으로 길러지기도 어렵다. 경험이 중요해서, 실제로 부딪쳐 봐야 한다. 그래서 기업에서 리더 경험을 미리하기란 쉽지 않고, 아이디어를 기반으로 시작하는 스타트업의 경우는 더욱 그렇다.

처음에는 누구에게나 막막하다

주어진 업무만 잘하면 됐는데 갑자기 관리 업무를 해야 하는 것이 당혹스럽다. 나만 바라보는 팀원들의 눈빛도 부담스럽다. 누구에게 뭘 시켜야 할지 혹은 지시가 아닌 부탁을 해야 하는 건 아닌지 고민된다. 이제 막 팀장이 됐으니 시간을 준다고 했으나 동시에 성과는 성과대로 내기를 바라는 상사의 압박이 은근하다. 그동안 보고 배운 것을 바탕으로 나름대로 대응해보지만 잘하고 있는 건지 알 수 없다. 그러다 갑자기 힘들어하는 팀원들이 나타난다. 이유도 다양하다. 일이 힘들다, 팀의 방향성을 모르겠다, 다른 팀원이 맘에 들지 않는다, 여자친구랑 헤어졌다, 아기가 아프다…. 팀원들의 문제 해결을 돕다가 퇴근 시간이 됐는데 팀원들은 6시만 되면 집에 간다. 생각보다 내가 일을 못 하는 것 같아 자존감이 떨어진다. 실무만 하던 시절이 사무치게 그립지만, 돌아가기엔 늦었다.

다행인 것은 나만 그런 것은 아니라는 점이다. 누구나 처음에는 다 막막하다. 자책하지 말자. 아직 준비되지 않았을 뿐이다.

팀장은 타고나는 것이 아니라 길러지는 것이다

다행인 것은 리더의 역량도 경험을 통해 습득할 수 있다는 것이다. 성향에 따라 속도의 차이가 있을 수는 있지만 노력하면 된다. 아직 체계적인 방법론과 필요한 경험이 부족할 뿐이다.

나도 얼떨결에 팀장이 되고 나서 막막한 만큼 책을 찾아보고, 좋은 리더들에게 묻고, 거기서 배운 것을 빠르게 적용하고, 효과가 있었던 것들은 기록했다. 최고의 공부는 누군가를 가르칠 때 완성된다는 생각으로 중간 관리자 후배들에게 여러 번 강연했다. 이 책은 그 과정에서 얻은 크고 작은 교훈들을 모은 것이다. 직접 부딪혀 보는 것이 가장 큰 스승이지만, 그 전에 어떤 선택지가 있고 다른 사람들은 어떤 고민을 했는지 안다면 배움의 속도는 빨라질 수 있다.

나의 리드로 팀원과 팀의 성장을 경험하는 것은 보람 있는 일이다. 이 책이 공동의 성장이라는 즐거움으로 향하는 길에 조금이라도 도움이 되기를 진심으로 바란다.

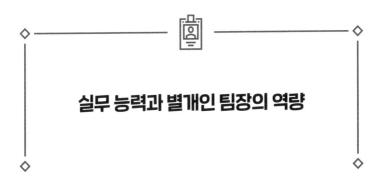

실무 능력과 별개인 팀장의 역량

뛰어난 실무자가 되기 위한 역량과 뛰어난 팀장이 되기 위한 역량은 명확히 구분된다. 실무를 잘하기 위해 일반적으로 필요한 역량은 다음과 같다.

◇ 해당 업무에 대한 경험과 전문성

◇ 맡은 일을 어떻게든 끝까지 해내는 근성

◇ 주어진 시간 안에 최대한 많은 일을 해내는 생산성

◇ 주어진 업무에 만족하지 않고, 영역의 확장을 추구하는 적극성

◇ 본인의 일에 대한 열정과 책임감을 기반으로 한 오너십(Ownership)

◇ 일을 추진하면서 난관에 봉착했을 때 필요한 문제 해결 능력

◇ 타 부서의 필요한 도움을 끌어낼 수 있는 협업 능력

실무자로서 충분한 시간을 보내는 것은 중요하다. 경험과 실력은 좋은 리더가 되기 위한 바탕이기 때문이다. 실무적 역량을 갖춰야 팀장으로서 팀원을 코칭할 수 있다. 실무에서 좌절하고, 고민하고, 돌파하는 과정을 거쳐 성장한 경험은 팀원들의 마음을 이해할 수 있는 소중한 자산이 된다. 또 실무에 대한 전문성은 팀장이 된 초기에, 팀원들의 존중을 이끌어 내는 주요 요소이기도 하다.

성장에 대한 욕구가 클수록 이 단계를 빨리 건너뛰고 싶은 경향이 있겠으나 팀장이 되기 위한 필수 코스라고 생각하고, 실무자로서의 역량을 단단하게 쌓아야 한다. 그런 후 실무자로서 위의 역량을 어느 정도 갖추었다고 평가하면 조직은 팀장에게 기회를 주기 시작한다.

'뛰어난 실무자'와 '팀장'의 근본적인 차이

실무자로서 성과의 기본 단위는 '나'다. 반면 팀장의 성과 단위는 '팀'이다. 인텔의 전설적인 CEO 앤드루 S. 그로브는 그의 책 《하이 아웃풋 매니지먼트》에서 "중간 관리자는 자신이 관리하는 조직의 실질적인 최고 경영자(CEO)다"라고 정의하면서 "관리자

의 성과는 그가 관리하고 영향력을 발휘하는 조직의 성과다"라고 말했다. 한 회사의 대표가 그 회사의 실적으로 평가받듯, 한 팀의 마이크로 CEO인 팀장은 그 팀의 성과로 평가받는 것이다.

팀장은 '나'에게서 '팀'으로 무게 중심이 옮겨가는 과정이다. 혼자 열심히 잘해서 성과를 낼 수 있는 시기는 지났다. 이제 '팀'으로 성과를 내야 한다.

[팀장 업무 범위의 확장]

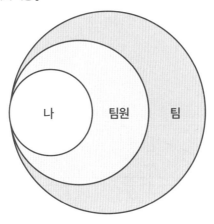

나: 실무자는 협업도 중요하지만, 결국 내가 잘하면 성과를 낼 수 있다.

팀원: 팀원이 높은 동기 부여 수준을 유지하고, 성과를 낼 수 있도록 다양한 지원이 필요하다. 결국 팀원의 실력이 올라와야 팀 성과를 낼 수 있다.

팀: 1+1=2가 아닌 1+1=3의 성과를 만들어야 한다. 이것이 개인이 아닌 팀으로 일하는 이유다. 추가적인 1을 만들기 위해서는 팀의 미션·비전을 명확하게 정의하고, 각 팀원의 특성에 맞는 업무를 부여해야 하며, 팀워크를 최고 상태로 유지하고, 팀원 간의 갈등을 조정해야 한다.

팀장에게 필요한 역량이란?

팀장은 팀원 개개인을 육성하는 동시에 성과도 내야 한다. 그것이 팀을 지탱하는 두 개의 중요한 기둥이다. 그 바탕에는 팀워크(문화)가 있어야 한다. 개개인의 성장을 중요시하는 팀 문화가 만들어져야 팀원들이 성장을 위해 마음껏 시간과 에너지를 쏠 수 있고, 서로 피드백하고 자극하는 문화가 만들어지면 성장이 가속된다. 팀원들이 안정감을 가지고 동기 부여 수준을 높게 유지하며 시너지가 나는 팀으로 성과를 내기 위해서는 팀워크가 매우 중요하다.

[팀장의 필요 역량]

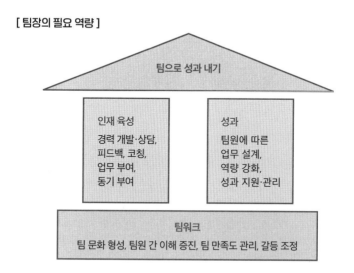

처음 팀장을 하면 혼자서도 잘 내던 성과가 잘 나지 않는다. 그렇다고 기존의 방식으로 혼자 성과를 내려 하면 그동안 팀원들은 방치되고 팀 성과는 더욱 멀어진다. 그렇기에 팀으로 일하는 새로운 기술을 익혀야 한다. 사람을 키우고, 팀 성과 관리 방법을 배우고, 팀워크를 만들어야 한다. 이때 필요한 것은 참을성을 가지고 투자하는 것이다. 익숙하고 쉬운 방법으로 답을 찾으려 한다면 목표 달성에서 멀어질 뿐이다.

그렇다고 겁먹을 필요는 없다. 당신은 이미 실무에서 인정받은 사람이다. 방정식은 다르지만, 한 분야에서 성공해봤다는 것은 또 다른 분야에서도 성공할 수 있는 기본 자질을 갖추었다는 뜻이다.

또 팀장에게 필요한 역량이란 경험하면서 갖추어 나갈 수 있는 것이 대부분이다. 배워도 바로 적용하지 않으면 내 것이 되지 않는다. 지금 당신에게는 적용할 수 있는 팀이 있고, 그것을 잘해내겠다는 의지도 있다. 필요한 것은 '어떻게'다. 열심히 하는 것은 좋지만 올바른 방향으로 가지 않으면 시행착오의 기간이 길어진다. 지금부터 다루는 주제를 통해 그 시행착오를 최소화하는 방법을 함께 찾아보자.

MZ 세대가 원하는 팀장이란?

"요즘 애들은 근성이 없어", "절박하지 않아", "자기만 알아"….
기성세대들이 자주 하는 이야기다. 요즘 친구들은 마치 다른 인
종 같아서 함께 일하기 힘들다는 하소연도 많다.

그런데 과연 기성세대와 요즘 세대는 다른 인종일까? 유독 자
기만 알고, 자유롭게 일하고 싶고, 적게 일하고 돈은 많이 받고 싶
은 특성. 이런 성향이 과연 세대에 따라 다른 걸까?

기성세대는 조직에서 이런 본성을 주장하기 쉽지 않았다. 그때
는 사회 통념상 우선순위가 개인이 아닌 조직이었기 때문이다. 선
진국을 빠르게 따라잡아야 했던 시기에 중요한 것은 생산성이었
고, 인간은 그 자체보다 조직이라는 커다란 기계를 돌리기 위한

하나의 요소로 인식됐다. 그래서 하고 싶은 일, 하고 싶은 말이 있어도 참아야 했고, 나보다 회사의 성장이 우선시됐다. 조직은 다수고, 나는 하나이기 때문에 마음에 들지 않은 구석이 많아도 바꿀 방법이 없었다.

선진국 문턱에 들어선 지도 한참이 됐지만 이런 관성은 지속됐다. 그러다 어느 시점에 둑이 확 터졌다. 주변에서는 90년대생이 회사에 들어오면서부터 문화가 달라졌다는 이들도 있지만, 특정 세대가 사회에 진출했기 때문에 갑자기 변한 것은 아닌 듯하다. 회사에 입사하는 90년대생들도 전체의 관점에서는 극히 일부일 뿐이다.

그보다는 조직을 우선시하는 힘과 개인을 우선시하는 힘의 대결에서 자연스럽게 개인을 중시하는 힘이 강해지다가 임계점을 넘는 순간, 즉 개인이 우선시되는 순간이 찾아왔다고 생각한다. 사람마다 느끼는 정도가 다를 수 있겠으나 나는 2010년대 중반부터 이러한 현상이 두드러졌다고 느낀다. 이 시기를 전후로 회식이 눈에 띄게 줄었고, 일명 '워라밸(일과 삶의 균형이라는 뜻으로 'Work and Life Balance'의 준말)'이 크게 주목을 받았으며, 근무복 자율화, 직급 파괴 등의 제도 개선이 일어났다. 네이버나 카카오 같은 IT 기업들이 주목을 받으면서 혁신적 업무 문화의 도입도 알려졌고, 최근에는 많은 스타트업의 등장과 성공에 힘입어 이런 현상은 더욱 확산되고 있다.

좋은 팀장의 공통점

기존 세대가 원하는 팀장과 MZ 세대가 원하는 팀장은 완전히 다를까? 그렇지 않다. MZ 세대는 본성에 조금 더 솔직하고 충실한 것일 뿐이다. 팀장이라면 깊이 통찰을 해야 할 부분이 바로 이 지점이다. 인간의 본질적인 특성은 무엇인가? 인간은 무엇을 좋아하고 무엇을 싫어하는가? 그 특성에 맞추어 팀원들을 이끌어야 한다.

지금까지 겪어온 좋은 리더들을 한 명 한 명 떠올려보자. 혹은 '저렇게는 되지 말아야지'라고 생각했던 리더들을 떠올려보자. MZ 세대인 팀원들과 진행한 수차례의 미팅에서 모은 공통적인 답은 오른쪽 표와 같다.

이를 바탕으로 MZ 세대가 원하는 팀장의 모습을 정리하면 '인격', '성장', '성과' 이 세 가지 키워드로 정리할 수 있을 것이다.

모든 것을 완벽하게 갖춘 팀장은 존재하지 않는다. 적어도 내가 경험한 팀장 중에서 완벽한 팀장은 없었다. 그저 각자의 장단점을 가지고 있었다. 그렇기에 '좋은 팀장'이라고 설명한 기준에 부합하지 않는다고 실망할 필요는 없다. 더군다나 우리는 아직 시

좋은 팀장의 모습	나쁜 팀장의 모습
사람에 대한 기본적인 관심과 애정	모든 공은 본인에게
팀의 다음 커리어를 챙겨주는	잘못되면 책임을 지지 않는(팀원 탓하는)
적절히 조언을 해주고, 기다려주는	나에게 관심이 없는
잠재력을 깨워주고, 자극하는	일만 많이 시키는(이용당하는 느낌)
솔선수범하는	윗사람에게만 잘 보이는
추진력·실행력이 있는	본인은 놀면서 시키기만 하는
업과 회사에 대해서 잘 아는	중요한 일은 혼자 하고 잡일만 시키는
의사 결정을 제때 하는	작은 것까지 혼자 의사 결정하는
필요한 자원(돈과 사람)을 잘 확보하는	정보를 독점하고 공유하지 않는
책임을 지고 실수를 감싸주는	하루 종일 일 이야기만 하는
동기 부여를 잘해주는	잔소리를 많이 하는
팀원들의 갈등을 잘 봉합해주는	강압적인
철학 및 의사 결정 기준이 일관된	실력 없는
기대하는 바를 명확히 말해주는	우유부단한
감싸줄 때와 몰아칠 때를 구분하는	갈등을 피하고 추진력이 없는
감정의 고저 없이 평온한, 예측 가능한	짜증과 화가 많은
인격적인	편애하는
공감해주는	위계질서를 지나치게 강조하는
쉽게 의견 낼 수 있는 분위기를 만들어주는	까라면 까

작하는 단계가 아닌가.

나와 팀이 가야 할 방향을 정확히 알고, 매일 노력하는 것만으로도 팀원들의 지지를 받을 수 있다.

팀장이 되자마자 해야 할 일
① 팀 운영과 방향성 설정

팀장으로서의 첫 100일은 무척 중요하다. 초반에 어떤 기세로 판을 구성하고 장악하느냐가 장기적으로 상당한 영향을 미친다. 초반에는 에너지가 높은 기간이라 더 많은 일을 할 수도 있다.

임기 초반에는 조직 차원에서 많은 힘을 실어 주기 마련이다. 팀장을 바꾸거나 팀을 새로 만들 때는 조직으로부터의 분명한 기대가 있기 때문이다.

국가대표 축구팀 감독이 처음 부임할 때를 생각해보자. 처음 부임하면 국민적 기대감이 매우 높다. 축구협회도 가능한 모든 자원을 동원해 감독이 성공하도록 지원하고, 감독이 원하는 것을 대부분 들어준다. 외국 감독의 경우 코치나 비디오 분석관 등 필수

참모를 데리고 오기도 하고, 선수 선발에도 전폭적인 지원을 받는다. 원하는 팀 문화를 만들기 위해서도 초반에 어떻게 행동하느냐가 중요하다. 선수들이 감독의 눈에 들기 위해 감독이 원하는 것에 귀를 기울이고 집중하는 시기이기 때문이다.

팀장이 된 지 100일이 지났다고 해도 상관없다. 초반부터 분위기를 만드는 것이 가장 효과적이지만 늦게라도 하는 것이 하지 않는 것보다 낫다. 다시 시작한다는 마음으로 하나하나 팀장으로서의 활동을 점검해보자.

반드시 필요한 세 번의 면담

면담을 통해 상사와 회사가 기대하는 바를 명확히 이해해야 한다. 회사의 기대를 충족시켜야 내가 원하는 일도 잘 추진할 수 있다. 그래서 신뢰를 얻는 것이 중요하다. 만약 내가 추진하려는 방향과 상사가 생각하는 방향이 다르다면, 그에 맞추거나 상사를 설득해야 한다. 이를 위해서도 상사와 회사의 기대를 확인하는 과정은 필요하다. 무작정 "저에게 기대하시는 바가 무엇입니까?"라고 질문하기보다 다음과 같은 질문을 준비하는 것이 좋다.

◇ 이 팀의 미션은 무엇입니까?

◇ 가장 중요한 현황은 무엇입니까?

◇ 올해 그리고 향후 3년 동안 어떤 결과를 내기 원하십니까?

◇ 전임 팀장이 잘했던 점과 아쉬웠던 점은 무엇입니까?

◇ 저를 팀장으로 선택한 이유가 무엇이고, 특별히 기대하는 바가 있으십니까?

◇ 향후 보고, 논의 등은 어떤 주기 혹은 어떤 스타일로 진행하는 것이 좋겠습니까?

상사와의 면담이 끝나면 전임 팀장과 대화를 진행한다. 전임 팀장은 누구보다 팀에 대해 깊이 고민했던 담당자이자, 상사와 팀원들에 대해 풍부한 정보를 가지고 있는 사람이다. 지금까지 일하면서 어떤 점이 어려웠는지 질문하고, 향후 나아가야 할 방향에 대한 진심 어린 조언을 확보해야 한다. 상사의 성향이나 팀원들의 특성에 대해서도 구체적으로 알아둘 필요가 있다. 주의할 것은 전임 팀장이 제대로 못 한 것을 바로잡겠다는 마음을 가지고 접근하면 안 된다는 것이다. 사람은 누구나 자신이 쌓아 놓은 것에 대한 자부심이 있다. 이 부분에 상처를 주는 순간 마음은 닫힌다. 겸손한 자세로 우선 전임 팀장이 쌓아온 그 지점부터 시작한다는 마음으로 최대한 모든 것을 구하고 흡수하자.

◇ 그동안 어떤 결과를 내려고 노력해왔습니까?

◇ 향후 팀은 어떤 역할을 해야 한다고 생각하십니까?

◇ 팀을 운영하면서 어려운 점은 무엇이었습니까?

◇ 팀원 한 사람 한 사람에 대해 최대한 자세하게 말씀해주십시오.

마지막 면담은 팀원들과 하고, 들을 기회를 가진다는 생각으로 진행한다. 첫 자리부터 팀장이 원하는 것을 주로 이야기하면 권위적인 팀장으로 인식되기 쉽다. 이 면담의 목적은 '팀원들이 기대하는 팀'에 대해 파악하는 것이다.

그렇기에 면담을 시작하면서 "오늘은 들으려고 왔다. 팀을 정말 잘 운영하고 싶다. 이를 위해서는 당신의 조언이 진심으로 필요하다"라고 이야기하고, 가볍게 서로 소개한 후 지금 팀에서 만족하는 부분과 그렇지 못한 부분이 무엇인지 질문하는 게 좋다.

① 업무 관련

◇ 지금 팀이 하는 일 중 잘하고 있다고 판단되는 부분은 무엇입니까?

◇ 지금 팀이 놓치고 있거나 향후 개선해야 하는 영역은 무엇입니까?

② 팀 운영 관련

◇ (업무 배분, 팀의 분위기, 역량 개발 등) 지금 팀의 운영상 만족하는 부분은 무엇입니까?

◇ 개선됐으면 하는 점은 무엇입니까?

마지막으로 새로운 팀장이 업무적으로 어떻게 팀 운영을 하는 게 좋을지 솔직하게 조언을 구하는 것도 좋다.

팀 운영 방안을 수립한다

세 번의 면담이 끝났다면 이를 통해 확보한 정보와 내 생각을 더해 팀 운영 방안을 수립해본다.

①팀 존재 이유 및 비전

②주요 업무 및 로드맵

③인력 운용 계획

이 세 요소는 물 흐르듯 논리적으로 연결돼야 한다. 그래야 진행할 일에 대한 신뢰를 확보할 수 있고, 이에 따른 인력을 확보할 수 있다.

특히 강조하고 싶은 부분은 인력 운용 계획이다. 부임 초기는 팀장이 인력 확보하기에 황금기다. 앞에서 말했듯 다양한 지원을 받기에 용이하기 때문이다. 추가적인 인원에 대해 바로 승인받지 못할 수 있지만, 언급해두는 것만으로도 이후 공식 프로세스를 통해 인력을 충원할 때 도움이 된다.

아직 팀 업무를 속속들이 파악하지 못한 상태에서 굳이 이런 운영 계획을 세워야 하나 하는 의문이 들 수도 있다. 하지만 이 과정을 진행해보면 팀을 빠르게 파악할 수 있고, 상사나 팀원과 초기에 신뢰를 형성하는 데 도움이 된다. 부딪히면서 알아가는 것이 아닌 체계적으로 접근함으로써 준비된 적극적인 팀장이라는 이미지를 보여줄 수도 있다. 무엇보다 이렇게 마련한 팀 운영 방안은 향후 팀을 운영하는 데 단단한 기초 자료가 된다.

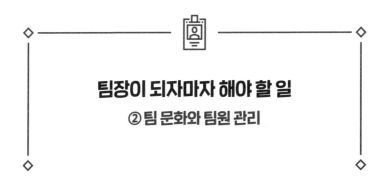

팀장이 되자마자 해야 할 일
②팀 문화와 팀원 관리

앞서 만든 팀 운영 방안을 상사와 공유한 후 신뢰를 형성했다면, 이제는 팀원들 차례다. 팀원들과 눈높이를 맞추고, 신뢰를 형성하고, 건강한 문화를 만들기 위해 필요한 초반 활동들을 소개한다.

일대일 미팅은 가능한 자주한다

어떤 사람이든 여럿이 모여 있는 자리에서 내밀한 이야기를 꺼내기는 어렵다. 힘든 이야기라면 더욱 그렇다. 인간은 사회적 동물이기 때문에 어울려 있을 때는 최대한 밝은 모습의 가면을 쓴다. 그렇기에 팀장은 팀원과 가능하면 자주 일대일 미팅을 하여 마음속 깊은 생각을 알아내려고 노력해야 한다.

내가 처음 팀을 맡았을 때의 일이다. 팀을 맡은 지 한 달도 안 됐는데 두 명의 직원이 그만두겠다고 했다. 처음 팀장을 맡아 의욕이 앞섰던 내게는 충격이었다. 두 명의 직원과 일대일 미팅을 진행하면서 그만두려는 진짜 이유에 대해서 들어보았다. 이런저런 이유가 있었으나 결론은 지금 하는 일이 예상했던 것보다 훨씬 힘들다는 이유였다. 당시 본사를 벨기에에서 체코로 옮기는 과정 중이어서 일이 많았던 것은 사실이었다. 절대적으로 힘든 것도 문제였지만 "이 정도로 힘들지 몰랐다"라는 표현에서 서로 기대치의 차이가 컸다는 점도 알게 됐다.

그 후 난 모든 팀원과 일대일 미팅을 진행했다. 미팅하면서 앞으로 3~6개월 동안 매우 힘든 시간이 될 것이라는 점을 강조했고, 어떤 식으로 상황을 안정시켜나갈지에 대해서도 이야기했다. 그리고 이 과정을 통해 우리가 무엇을 배울 수 있을지도 이야기했다.

기존 팀원뿐 아니라 새로 채용하는 팀원들에게도 면접 과정부터 팀이 하는 일에 대한 정보를 충분히 제공했고, 어려움에 대해서도 자세히 설명했다. 어려울 것을 예상한 팀원들은 실제 그것을 수용하고 이겨내는 힘이 더 강했다.

이 과정을 통해 서로의 기대 수준을 맞추는 것이 매우 중요하다는 것을 깨달았다. 이후에는 처음 같이 일하게 되는 모든 팀원과도 심도 있는 일대일 미팅을 진행하기 시작했다. 미팅 때 팀장인 내가 전하는 이야기는 주로 다음과 같았다.

◇ 우리 팀은 일이 많을 수밖에 없다. 목표가 높고 확실한 팀이기 때문이다.
◇ 일이 많지만 그 보상으로 많이 배운다. 따라서 성장에 대한 순수한 열망이 필요하다.
◇ 회사보다 자신을 위해 일하라. 어떤 경우에도 이곳에서 일하는 것이 자신의 미래에 도움이 돼야 한다.
◇ 초반 6개월이 중요하다. 초반에 밀도 있게 일을 해두면 이후는 조금 편하다.
◇ 팀의 가장 중요한 철학은 긍정적인 태도를 유지하는 것이다.

이 밖에 자신이 가지고 있는 리더십 철학이나 팀원에게 기대하는 것이 있으면 이때 공유하는 것이 좋다. 먼저 기대 사항을 이야기하고 반응을 들은 후, 팀원의 기대 사항을 묻는 것도 잊지 말아야 한다.

부정적인 에너지를 최대한 빼내자

팀에 오래 있었다는 이유로 부서 이동을 원하거나, 업무가 맞지 않아 이동을 희망하는 팀원이 있을 수 있다. 보통 부정적인 에너지가 많이 쌓여서 돌이킬 수 없는 경우일 확률이 높다. 이런 팀원은 팀과 자신을 위해 새로운 자리를 찾아주는 것이 좋다.

부정적인 에너지를 팀에서 빼내는 것은 생각보다 중요하다. 이것만 잘돼도 팀 분위기는 놀라울 정도로 빠르게 바뀐다. 물론 팀원을 이동시키는 것이 쉬운 일은 아니지만 노력할 만한 가치는 있다. 더불어 에너지 레벨이 높고, 팀 문화에 더 잘 맞을 것 같은 팀원을 충원하자. 새로운 팀원은 태도와 에너지를 중점적으로 보는 것이 좋다.

사람 없이 일할 수 없다. 그리고 인사팀이나 헤드헌터가 내가 원하는 인재를 정확히 찾아서 데려오기를 기대하는 것은 무리다. 사람이 필요하면 기다리지 말고 적극적으로 찾아 나서야 한다. 내 사람은 내가 찾는다는 사명감이 있어야 한다.

그뿐 아니라 인재 채용은 한 번이 아니라 지속해서 해야 한다. 절박한 마음으로 노력하면 대부분 좋은 인재를 구할 수 있다. 지성이면 감천이다. 이때 동원할 수 있는 수단은 다음과 같다.

◇ 다른 팀에서 평소 눈여겨봤던 인재를 접촉한다. (본인이 원하고 해당 팀에서 보내줄 수 있으면 데려올 수 있다.)

◇ 관계사에서 평소 눈여겨봤던 인재를 접촉한다.

◇ 팀원들에게 뽑고 싶은 인재에 대해 설명하고 주변 지인을 추천하게 한다.

◇ 회사 내외부 지인들에게 사람이 필요하다는 사실을 알리고, 추천해달라고 부탁한다.

팀장이 된 초기에 팀원 이동을 하거나 새로운 팀원을 영입하는 것은 한두 명이면 충분하다. 너무 큰 변화가 생기면 기존의 팀원들이 불안해할 수 있다.

팀 운영 방안에 대한 큰 그림을 그리고 팀원들과 눈높이를 맞추며, 소수의 인력 구성의 변화를 통해 건강한 팀을 구축하는 것. 이 세 가지가 팀장이 된 초반 100일에 해야 할 핵심적인 활동이다.

이제 배를 띄울 준비는 됐다. 그 배를 어떻게 운영할지 논의해보자.

동기 부여

2장

우리 팀원들은 왜
일에 의욕이 없을까?

동기는 동기를 부른다

　마케팅팀 서 차장은 회사에서 인정받는 인재다. 스마트하고 데이터를 잘 다뤄서 분석에 능하며, 성실하고 꼼꼼하다. 팀원 시절 누구보다 치열하게 노력한 서 차장은 이른 나이에 팀장이 됐다.

　팀장이 되자 압박이 심해졌다. 위에서나 아래에서나 기대는 큰데 처음 팀을 운영하는 것이 쉽지 않았다. 스트레스 지수가 높아지니 예민해졌고, 그만큼 크고 작은 불만이 생기기 시작했다. 회사에 대한 불만, 팀원들에 대한 불만, 맡은 일에 대한 불만…. 평소에 표정도 어두워 팀원들은 항상 팀장의 눈치를 살폈다. 부정적인 에너지는 쉽게 팀 전체로 퍼져 나갔다. 안 그래도 업무가 많아 힘들어하던 팀원들은 우울한 분위기에 전염돼 너무도 쉽게 불만을 이야기하기 시작했다. 불만은 불만을 낳고, 팀 전체가 부정적인 팀이 돼버렸다. 팀원들은 당연히 본인의 역량을 100% 발휘하지 않았고, 성과도 나오지 않았다. 위로부터의 압박은 더욱 심해졌고, 스트레스를 받는 악순환이 계속됐다.

1년 만에 서 차장이 다른 팀으로 발령 나고, 정 차장이 새 팀장이 됐다. 연배는 비슷하지만 전혀 다른 캐릭터였다. 정 차장이 서 차장과 업무 능력에 큰 차이가 있던 것은 아니었다. 다만 정 차장은 희망적인 이야기를 주로 했고, 밝은 분위기를 유지했다. 팀원들을 믿었고, 일하는 데 최대한 자유를 보장했다. 첫 번째 일대일 미팅에서 팀원 모두에게 긍정적인 태도를 기대 사항으로 명확히 전달했다. 네 명의 팀원 중 두 명은 원래 밝은 사람, 한 명은 보통, 나머지 한 명은 기본적으로 부정적인 기질을 가지고 있었다.

긍정적인 에너지를 가진 팀장이 들어오고, 전체 분위기를 주도하자 팀 분위기는 180도 달라졌다. 우선 원래부터 긍정의 에너지가 높았던 두 명이 눌려 있던 본래 성격을 드러내기 시작했다. 그러자 나머지 두 명의 태도도 조금씩 변하기 시작했다. 다수가 긍정으로 돌아선 효과다.

동기는 동기를 깨운다. 정 차장이 팀장이 된 후 "팀원들 표정부터 달라졌다"라는 이야기를 주변에서 많이 들었다. 팀원들도 그동안 힘들었는데 이제야 일할 맛 난다는 진심 어린 이야기를 팀장에게 자주 했다.

동기가 깨어난 팀원들은 누구보다 열심히 일했다. 자연스럽게 성과도 나기 시작했다. 사내에서 인정받기 시작한 팀은 더 열심히 일했다. 서 차장과 팀원들은 시간이 지나 이때를 회상하며 "그때 참 재미있게 일했다"라고 자주 이야기를 나눴다. 이처럼 팀장에 따라 팀원의 동기 수준이 눈에 띄게 달라지는 예는 주변에서 흔히 발견할 수 있다.

동기 부여가 아닌 동기 유발의 중요성

보통 '동기 부여'라는 표현을 자주 하지만 여기서는 '동기 유발'이라는 단어로 바꿔 부르려 한다. 동기라는 것은 외부에 있는 것이 아닌 그 사람 안에 있는 것이고, 그 잠재력을 깨우는 행위를 동기 유발이라 보는 것이다.

외부의 자극 때문에 어쩔 수 없이 움직이는 것은 폭발성과 지속성을 가지기 어렵다. 생각해보자. 시켜서 억지로 하는 일에 대해 열과 성을 다해본 적이 있는가? '까라면 까야지' 하는 마음으로는 업무 능력을 100% 발휘하기 힘들다. 괜히 열심히 했다가 그게 기준이 되면 오히려 나만 더 힘들어질 뿐이다. 물론 누군가 볼 때는 열심히 할 수 있다. 그러나 팀장은 팀원의 24시간을 감시할 수 없다. 혼내거나 잔소리하는 것으로 일을 시키는 것은 그때뿐, 오래 갈 수 없다.

팀원이 스스로 알아서 일하게 하는 것이 고수다. 그러려면 팀원에게 열심히 해야 하는 이유를 만들어 주어야 한다. 다만 이 이유가 외부로부터 온 것이면 안 된다. 지속적인 영향력을 갖기 위해서는 팀원 내면의 동기를 유발해야 한다. 그리고 누구에게나 열심히 일해야 하는 이유 하나쯤은 내면에 잠자고 있다.

결국 팀장이란 동기를 만들어 '부여'하는 주인공이 아닌 구성원 내면의 동기를 찾아서 깨워주는 조연 역할을 해야만 한다.

MZ 세대는 자기밖에 모른다고?

　팀원들이 능동적으로 일하게 하려면 어떻게 해야 할까? 자세한 동기 유발 방법을 이야기하기에 앞서, 팀장이 쉽게 가질 수 있는 동기 유발에 대한 세 가지 오해에 대해 먼저 살펴보려고 한다.

　기성세대가 여러 가지로 성향이 다른 젊은 세대를 이해하기 어려운 것은 당연한 일이다. 하지만 소통하기 어렵다는 게 과연 MZ 세대만의 특징일까? 잘 알려진 이야기이지만 로마 시대에도 "요즘 젊은 사람들은 의지가 약하다, 버릇이 없다"라고 불평했다는 기록이 남아 있다고 한다. 어느 시대이든, 새로운 세대를 볼 때는 이런 시선이 생길 수밖에 없다는 뜻이다.

　세대가 다르다고 해서 동기를 유발하는 방법도 달라져야 할까?

적어도 내 경험에 따르면 동기 유발 방법이 세대에 따라 크게 다르지 않다. MZ 세대는 잘 알려진 것처럼 자신이 납득할 수 있다면 시키지 않아도 '꽂혀서' 열심히 일한다는 특징이 있다. 한번은 구성원의 90%가 MZ 세대로 이뤄진 팀을 이끈 적이 있는데, 팀원 대부분이 그런 성향을 갖고 있었다. 오히려 이들의 특징을 잘 이해한다면 다른 어떤 팀보다 높은 성과를 낼 수 있다.

일보다 워라밸이 중요하다

세대와 상관없이 워라밸을 중요하게 여기는 것은 거부할 수 없는 시대적 흐름이다. 흔히들 요즘 직장인은 회사 생활로만 동기부여되기 어렵다고 말한다. 투자에, N잡에, 자기계발에, 문화생활까지 이전보다 훨씬 다양한 분야에서 열심히 살기 때문이다.

이전에는 회사 위주의 삶을 살았다고 하면 요즘은 다양한 활동으로 일과 휴식의 밸런스를 맞춰가며 사는 사람이 훨씬 많다. 이 말은 오히려 삶의 전반적 에너지 레벨이 이전에 비해 훨씬 오른 것으로도 볼 수도 있다. 즉, 요즘 사람들의 동기 에너지 자체가 낮은 것은 아니라는 의미다. 이 에너지의 일부분을 일에 사용할 수 있도록 리드하는 것이 중요하다. 또 야근, 회식 등 회사에서 보내는 전체 시간 총량에 대한 집착을 버리자. 대신 회사에서 일하는 단위 시간당 투여 에너지를 올려 업무 시간을 줄이고 일의 완성도를 높이는 방법을 찾아야 한다. 이러한 방향이라면 얼마든지 동기를 유발할 수 있다.

동기 부여는 결국 돈이다?

MZ 세대에게 돈을 많이 주지 않으면서 동기 부여할 수 없다고 생각하는 사람이 많다. 그러니 팀원들의 동기 부여 문제는 내가 아닌 회사의 몫이라고 여길 수도 있다. 물론 돈은 매우 중요하다. 그러나 연봉을 매년 10%씩 올려줄 수 있는 회사는 존재하지 않는다. 구글이나 아마존이어도 연봉을 올리는 데는 한계가 있다.

돈이 동기 부여에 미치는 영향이 제한적이라는 연구는 차고 넘친다. 더군다나 어차피 내가 오너가 아닌 이상에야 연봉에 미칠 수 있는 영향은 제한적이다. 여기에 집착하면 불만만 생길 뿐 답이 없다. 팀장으로서 바꿀 수 없는 것에 집착하기보다 직접 움직일 수 있는 영역에서 해결책을 찾아야 한다. 다행인 것은 돈 이외에 사람들이 동기 유발되는 요소는 분명히 존재한다는 점이다.

동기를 유발할 때 고려해야 할 세 가지

새로운 조직에 발령받은 후 4개월 정도 지나 참석한 본사 송년회. 원래 사람이 많은 모임을 그리 좋아하는 편은 아니었지만, 회사 전체 행사라 어쩔 수 없이 참석했다. '형식적인 행사겠거니' 하고 심드렁하게 앉아 있었는데, 웬걸. 오랜만에 정말 재미있는 시간을 보냈다. 프로그램 하나하나 잘 준비하기도 했지만 그보다 전반적인 분위기가 유쾌했다. 직책이 높고 낮음과 관계없이 서로 자유롭게 농담을 건네고, 함께 외치는 건배사에는 조직에 대한 자부심과 서로에 대한 따뜻한 배려가 넘쳤다. 평소 일할 때도 협업이 잘되고, 일이 고돼도 상대적으로 낮은 불만과 높은 동기를 유지하며 열심히 일하는 사람들이라는 인식이 있던 차였다.

송년회가 끝난 후 대표님과 잠시 이야기할 기회가 생겨서 어떻게 이런 조직 문화를 만들 수 있었는지 물었다. '이런 제도와 저런 활동을 통해 문화를 만들었다'는 답을 기대했는데 의외의 답이 돌아왔다. 대략 이런 내용이었다. "그저 인간의 본성에 맞게 일할 수 있도록 배려했을 뿐 특별한 것은 없다." 인간은 누구나 자유롭고 즐거운 분위기에서 일하고 싶어 하고, 그것을 막지 않았을 뿐이라는 것이다.

나는 이때 리더에게 가장 필요한 것은 인간 본성에 대한 이해라는 점을 깨달았다. 시장을 이기는 투자가 있을 수 없듯, 인간의 본성을 거스르며 잘하기는 힘들다. 순리에 역행하는 모든 노력의 투자 대비 수익률은 현저하게 떨어질 수밖에 없다. 어쩌다 가능한 것처럼 보여도 결국 제자리로 돌아온다. 그래서 이 본성을 이해하고 그 결에 따라 리드하면 적은 노력으로 원하는 결과를 얻을 수 있다.

동기를 유발할 때 고려해야 하는 인간의 본성은 자유, 공헌, 성장 세 가지를 꼽을 수 있다.

◇ 자유(자기 주도): 인간은 누구나 자신이 원하는 대로 생각하고 행동하기를 원한다.

◇ 공헌(소속감): 인간은 누구나 조직과 타인에 기여하는 존재이기를 바란다.

◇ 성장(우월성 추구): 인간은 누구나 지금보다 나은 내일의 나를 꿈꾼다.

이제 위의 세 가지 키워드를 토대로 동기 유발 방법론에 대해 알아보자. 앞으로 이야기할 내용은 동기 유발에 관한 노하우이면서, 팀장이라면 갖춰야 할 마음가짐이기도 하다.

'잘해야' 믿을 수 있는 것이 아니라
'믿어야' 잘한다

인류는 과거 어느 때보다 큰 자유를 누리고 있고, 선진화된 사회일수록 이러한 경향이 높다. 사람은 자기 결정권이 높을 때 자기 효능감(특정한 상황에서 자신이 적절한 행동을 함으로써 문제를 해결할 수 있다고 믿는 신념이나 기대감)이 오르고, 자유도가 높을 때 존중받는다고 느낀다.

주로 전략팀에서 일하던 나는 8년 차가 되던 해에 처음으로 현업에 가까운 대리점 개발팀에 발령이 났다. 마침 업계에서 경험이 많은 팀장님이 새로 부임했고, 새 팀장님과 처음 함께 시작한 일이 바로 대리점 인센티브 제도 개편이었다. 꽤 많은 예산이 들어가는 중요한 프로젝트였다.

이 분야에서만 20년 이상의 경험을 쌓은 팀장님이 전체 그림을 그린 후 나에게 실행하라고 했어도 될 일이었지만, 팀장님은 그러지 않았다. 이전 회사에서 했던 것, 업계에서 통하는 다양한 제도와 그 장단점을 소개한 후에 실무자인 나에게 제도 설계에 대한 모든 권한을 위임했다. 필요할 때 논의의 파트너가 돼주었고, 설득이 필요한 상황에서는 힘을 보태주셨다. 결국 나는 윗선에 보고하여 의사 결정을 받고, 대리점을 만나서 설득하고, 공표하며, 실제 실행하여 인센티브를 지급하는 모든 과정을 직접 설계하고 실행했다.

다행히 이런 과정을 거쳐 만든 제도는 결과적으로 팀장님이 원래 생각한 방향과 크게 다르지 않았다. 나는 실무자로서 이 모든 과정을 거치는 데 어떠한 통제나 속박도 느끼지 않았다. 그럴수록 책임감을 강하게 느꼈고, 과정에서 얻는 배움을 온전히 내 것으로 만들 수 있었다. 일의 결과도 좋았다.

팀장이 주도적으로 팀을 이끄는 게 중요하지 않다는 의미는 아니다. 다만 그 틀을 너무 강하고 세밀하게 만들면 팀원들이 제 역량을 펼칠 공간이 줄어든다. 기본적인 철학과 원칙만 제시하고 나머지는 팀원들이 직접 만들 수 있도록 길을 열어주는 것이 현명하다. 물론 아주 핵심적인 방향에서 벗어나는 일은 통제해야 하지만 그것도 최소화하는 것이 좋다.

제약이 비효율을 만든다

수직, 위계, 형식, 마이크로 매니지먼트, 의사 결정의 중앙 집권화. 이 단어들은 팀원들의 자유를 제한하는 요소다. 조직에서 당연히 이런 것들이 필요하다는 고정 관념은 오래된 관료 제도의 잔재일 뿐이다. 이런 개념은 과감하게 버려야 한다. 특히 팀원이 MZ 세대라면 더욱 그렇다.

이런 변화를 시작하기 위해 가장 중요한 것은 무엇일까? 바로 팀원들에 대한 강한 믿음이다. '잘해야' 믿을 수 있는 것이 아니라 '믿어야' 잘한다. 팀원들이 일을 잘하게 하는 것은 내 마음대로 되지 않지만, 믿는 것은 당장 할 수 있는 일이다. 우선 믿어야 한다. 이것이 자유롭게 일하는 환경을 만드는 필수 전제다.

이 믿음을 바탕으로 수평적인 문화를 만든다. 위계질서에 기반한 수직적인 문화는 자유를 제한하는 가장 큰 적이다. 의사 결정 권한이 대부분 최상위 경영자에게 있는 시스템 자체를 바꾸자는 것은 아니다. 다만 그 최종 의사 결정으로 가는 과정을 최대한 수평적으로 만들어보자는 뜻이다. 직급의 높고 낮음으로 의견을 내고 일을 추진하는 것에 제약을 두지 말고, 가능한 모든 사람의 의견을 경청하고 존중해야 한다. 결국은 최종 의사 결정자가 결정하더라도 모두의 의견이 적어도 충분히 진지하게 받아들여지고,

고려된다는 것을 느낄 수 있어야 한다. 그러기 위해 나이가 많고 직급이 많아도 서로 존댓말을 하는 것을 추천한다. 보이지 않는 계급의 선을 옅게 하는 데 도움이 된다.

형식으로 통제하지 말고 성과로 관리하는 것도 중요하다. 근무 시간, 장소, 업무 방식 등은 기본적인 원칙만 정하고 스스로 가장 효율적이라고 생각하는 방식을 선택할 수 있도록 한다. 나이나 연차보다 역량이나 의지를 고려하여 일을 맡기고, 보고를 위한 보고는 폐지하는 것이 좋다.

업무에 있어서 자유롭게 결정할 수 있는 범위를 최대한 넓게 잡아준다. 그러기 위해서는 업무를 잘게 쪼개는 것보다 의미 있는 단위로 나눠서 맡기는 것이 중요하다.

A 팀장: 경쟁사 최근 기사와 IR 자료 요약해 와.

B 팀장: 경쟁사의 동향이 우리 회사 신사업 개발에 주는 시사점 분석 부탁해요.

A 팀장: A와 B 고객을 만나서 제품에 대해 설명하고 와.

B 팀장: C 제품 매출을 10% 상승시키기 위한 방안 개발 및 실행 부탁해요.

B 팀장처럼 업무를 부여해야 팀원이 활약할 수 있는 공간이 생기며, 자신이 담당한 일이 회사의 어떤 성과로 이어지는지 알 수 있다. 조언은 도움의 손길을 먼저 내밀 때 주는 것이 좋다. 단기적으로는 답답하고 느리게 느껴질지 몰라도, 장기적으로 효과가 있는 방식이다.

수평적 관리가 효율을 낳는다

팀장으로서 의사 결정을 빠르게 해주는 것도 중요하다. 의사 결정 권한이 팀장에게 있어도, 팀장이 의사 결정을 빠르게 끊김 없이 해주면 마치 담당자 본인이 직접 의사 결정하는 것과 비슷한 효과를 낼 수 있다. 내가 의사 결정하는 것과 시차가 별로 없기 때문이다.

빠른 의사 결정을 위해서는 평소 팀원이 하는 일에 관심을 갖고 소통하고 있어야 한다. 이런 이해를 바탕으로 치명적인 사안이 아니면 가능한 팀원의 의견대로 결정해주는 것이 좋다. 팀원은 그 주제에 대해 고민을 가장 많이 하는 실무자이기 때문이다. 또 작은 의사 결정에 대해서는 틀려도 빨리 고치면 된다는 생각으로 어느 정도 리스크를 감내할 마음가짐을 갖는다.

한 회사의 신 사업팀에서 30대 초중반의 팀원으로 구성된 팀을 맡아 운영한 적이 있다. 팀장이 된 나는 먼저 조직 문화부터 자유롭게 바꿨다. 출근은 8~10시 사이에 자신과 맞는 시간대를 자유롭게 선택하게 했고, 퇴근에 대해서도 당연히 눈치 주지 않았다. 코로나 상황이 심각해지면서 재택도 원하는 만큼 스스로 선택하게 했다. 연차도 팀장에게 사전 통보만 하면 원하는 만큼 승인 과정 없이 쓰도록 했다. 수평적 문화의 필요성을 지속해서 강조하면서, 실제로 이를 회사의 문화에 녹이기 위해 노력했다.

일은 프로젝트 단위로 목적을 명확히 나눠서 주었고, 마일스톤 (Milestone, 기획·상세 기획·실행·평가 등 의미 단위로 나눈 일의 단계)을 만들어 일정을 결과물 위주로 관리하려고 했다. 업무의 방법론은 가이드라인 수준으로만 정말 필요할 때만 주려고 노력했다. 이 과정에서 사소한 것은 알아서 결정하도록 했다. 더불어 형식적인 이메일 보고 등을 없애고, 대신 업무의 실행 속도를 높이고자 했다. 임원 보고도 일을 한 사람이 직접 하게 했다. 또 신뢰를 강하게 표현하는 방법으로 인사나 M&A (기업의 인수 합병) 같은 민감한 자료를 제외하고는 모든 자료를 성역 없이 바로 팀 전체에 공유했다. 프로젝트팀을 꾸릴 때도 연차나 나이보다는 해당 업무의 주제에 대한 전문성과 리딩 경험을 우선시했다.

이처럼 팀원들에 대한 믿음이 있으면 최대한의 자유를 보장할 수 있다. 출퇴근이나 연차 사용 등을 자유롭게 조정한다고 해서

나태하게 일하는 팀원은 한 명도 없었다. 오히려 다른 어떤 팀보다 훨씬 더 높은 열정으로 책임감을 갖고 일했다. 오히려 너무 무리해서 강제로 휴가를 줘야 할 정도였다.

팀장이 팀원을 수직적으로 통제하고, 오직 팀장 중심으로 일하는 팀과 비교했을 때 우리 팀이 낸 성과는 해당 팀과는 비교할 수 없는 수준이었고, 그것은 팀원들을 믿어준 결과물이었다.

팀에 기여할 기회를 제공하라

팀원들과 '팀 만족도 조사' 항목을 설계하기 위해 토론할 때였다. 과거 경험에 비추어 보아 어떤 때 회사 다니는 것에 만족하고 또 어떤 때 만족하지 못하는지에 대해 이야기를 나눴다.

처음에는 배우고 성장할 때, 좋은 팀원들과 일할 때, 팀 분위기가 좋을 때, 워라밸을 유지할 수 있을 때 등 예상한 대답이 나왔다. 그런데 생각지 못한 의외의 답도 나왔다. 본인이 쓸데없는 일만 하고, 회사의 성장에 기여하지 못한다는 느낌이 들 때 매우 무력감을 느낀다는 것이었다. 이것은 일부 의견이 아닌 대부분이 강하게 공감하는 내용이었다. 이때부터 기여감과 공헌감에 대해 생각해보게 됐다.

본성에 대한 이해는 인류의 역사와 진화 과정을 관찰하며 얻는 경우가 많다. 인간은 사회적 동물이다. 사냥·수렵 시절부터 인간은 집단생활을 생존 방식으로 택했다. 강한 동물들에 비해 약한 신체를 타고난 인간이 약점을 극복하고 살아갈 수 있는 유일한 방법이었다. 사냥·수렵의 척박한 환경과 이동을 기본으로 하는 집단생활에서 조직에 어떤 형태로든 공헌하지 못하는 존재는 의미를 갖지 못하고 버려졌다. 공헌이란 그저 인정받고 기분 좋은 성과가 아닌 생존의 문제였던 것이다. 그래서 인간은 누구나 조직에 속해 안정적인 소속감을 얻고 싶어 하고, 그 조직에 공헌하고자 하는 특성을 가지게 됐다. 유전자 속에 뚜렷이 남아 있는 본능인 공헌을 하지 못할 때 존재의 의미도 희미해진다.

팀원들이 조직에 공헌하게 하고 그 공헌감을 극대화해준다면 안정감을 얻음과 동시에 동기 유발까지 가능하다.

팀장은 팀원의 에이전트다

필요한 것은 작고 빠른 성공 경험이다. 처음부터 너무 큰 욕심을 내면 안 된다. 작은 것이라도 팀원이 팀에 공헌하고 성취하게 해야 한다. 답이 어느 정도 정해져 있는 자료의 작성, 방향이 대략선 프로세스 개선, 물밑 작업이 대부분 돼 있는 협상의 마무리 등이 그것이다. 전략팀에 있을 때 많이 활용했던 것이 데이터 관리, 월간 보고, 연말 성과 평가 등으로, 전략적 사고가 탁월하지 않거나 회사에 대한 이해가 깊지 않아도 꼼꼼하고 근성이 있으면 누구나 해낼 수 있는 일이다.

새로 합류한 팀원의 적응이 끝나면 이런 종류의 업무를 개선에 대한 요구와 함께 맡긴다. 어떤 영역이 바뀌었으면 좋겠는지 정도의 아이디어는 대략적으로 주는 게 좋다. 이렇게 작지만 중요한 일을 성공적으로 마치면 자신감이 상승하는 것을 여러 번 보았다.

성공의 경험을 만들어줬다면 이것을 인정하고 홍보한다. '공헌감'의 효과를 극대화하는 과정이다. 작은 일이라도 공헌했을 때는 디테일하게 알아봐 주는 것이 좋다. "잘했다"라는 평가자로서의 권위적인 표현보다는 "감사하다"라는 마음을 표현하는 것을 추천한다. 인간의 마음은 그리 강하지 못해서 공헌감이라는 것도 오래 가기는 어렵다. 그렇기에 지속해서 표현하는 것도 인정에 있어 중요한 요소다. 직접 혹은 문자나 이메일 등 다양한 통로로 표현하는 것이 좋다.

다음은 팀원, 상사, 주변 팀을 대상으로 한 홍보 활동이다. 기본적으로 팀장은 팀원들의 에이전트 역할을 해야 한다고 생각한다. 내 선수가 어떤 장점을 가지고 있는지, 얼마나 대단한 실력이 있는지 주변에 잘 홍보하는 것이다. 이 과정에서 우리 선수의 공헌 감은 한층 높아진다. 좋은 성과에 대한 보고는 담당한 팀원이 직접 상사에게 하도록 하자. 팀 회의를 통해 다른 팀원들에게도 공유하는 자리를 만들고, 공식적으로 포상까지 받을 수 있다면 더할 나위 없을 것이다.

지금보다 더 나은
나를 꿈꾸지 않는 사람은 없다

힘들기로 소문난 팀장님이 있었다. 일을 많이 주는 것은 기본이고 (물론 본인이 일을 가장 많이 한다) 기대 수준이 높아서 혼내거나 거친 피드백을 하는 빈도도 잦았다. 함께 일하다 보면 몸도 마음도 많이 고생했고, '내가 이 정도밖에 안 되는 인간이었나?' 하는 자괴감이 들게 했다. 그러나 혼내기만 한 것은 아니었다. 일을 잘하는 것이 무엇인지 몸소 보여주었고, 지적만 하는 것이 아니라 어떻게 개선할 수 있을지에 대한 효과적인 대안도 함께 제시했다.

힘들었지만 일을 마친 후에는 이 모든 과정이 팀장의 성과를 위한 것이 아닌 팀원들의 성장을 위한 것임을 느낄 수 있었다. 그래서 일이 끝난 후 나를 포함한 팀원들은 진심으로 그 팀장을 존경하게 됐다. 왜? 결국 내가 성장했기 때문이다.

이런 리더십만이 답이라는 것이 아니다. 리더십 스타일에 정답은 없다. 다만 인간이 행복감을 느끼는 요소 중에는 분명 성장이 차지한다는 이야기를 하고 싶은 것이다. 성장한다면 몸과 마음이 힘든 것을 감수하는 게 인간의 본성 중의 하나다. 그래서 우리는 놀고 싶은 마음을 억누르며 공부하고, 근육이 아픈 것을 참아가며 운동한다. 과정이 고돼도 결과적으로 내가 성장한다면 견딜 수 있다.

《미움받을 용기》라는 책에서 저자인 심리학자 알프레드 아들러는 "우월성(Superiority)을 추구하는 것은 인간의 본능"이라고 말한다. 인간은 누구나 무기력한 존재로 태어난다. 혼자 할 수 있는 것이 아무것도 없다. 생존을 위해서는 계속 성장해야 한다. 기어 다니다가 일어서고 걷게 되는 것, 말을 하게 되고 의사소통을 할 수 있게 되는 것 등이 그 원초적인 형태다. 더 나은 사람이 되는 것은 인간 본성 중 하나이고, 이런 본성이 하나하나 모여 인류는 발전을 만들어낸다. 과학 기술, 삶의 질, 인권, 건강, 수명 등의 진보는 이러한 인간의 성장 욕구가 집단적으로 모여 만든 성과다.

"우리 팀에는 성장을 원하지 않는 사람이 더 많습니다. 하루하루 시간 때우고 월급을 받는 게 전부인 사람들입니다."

"회사는 '돈'을 버는 곳이지 '자아실현'을 하는 곳이 아니라고 이야기하는 사람도 많습니다. 이런 사람들에게도 '성장'이 본능일까요?"

나는 자신 있게 그렇다고 말하고 싶다. 지금보다 더 나은 나를 꿈꾸지 않는 사람은 없다. 다만 삶의 고단함에 밀려 혹은 또 다른 인간의 본성인 쾌락(게으름 포함)을 추구하느라 혹은 해봤자 달라지는 것이 없다는 절망에 밀려 성장을 위한 에너지를 충분히 쓰지 못할 뿐이다.

회사 일은 무엇보다 자신을 위한 일

만약 다음의 두 경우 중 하나를 선택하라고 한다면 당신은 무엇을 선택하겠는가?

A: 무언가 배우고 성장하여 나중에 더 큰돈을 벌 수 있는 일
B: 편하긴 하지만 성장의 기회가 적어 시간이 지나도 내 역량
  수준에는 큰 변화가 없는 일

아마 A를 선택하는 사람이 더 많을 것이라고 생각한다. 편한 것이 당장은 좋을지 모르겠지만 마음 깊은 곳에서는 불안감을 느낄

수밖에 없다. 그래서 진정한 동기 유발을 위해서는 회사에서 일하는 것이 무엇보다 자신의 성장에 도움이 된다는 것을 명확하게 느끼게 해줘야 한다. 그래서 나는 팀원들에게 항상 이렇게 말한다. "회사를 위해 일하지 말자, 본인의 성장을 위해서 일하자."

내가 아닌 다른 무엇인가를 위해 헌신한다는 생각으로는 그 사람의 잠재력을 최대한 끌어낼 수 없다. 인간은 이기적인 존재이고, 특히 MZ 세대는 '나'와 크게 관련이 없는 '무언가'를 위해 움직이지 않는다. 이것이 솔직한 본성이다. 회사에 충성하기를 바라는 것은 국가나 인류에 공헌하기를 바라는 것보다 어렵다. 회사는 언제든 쉽게 바꿀 수 있기 때문이다.

그러니 회사에 대한 충성 같은 헛된 기대는 버리고, 회사의 일이 본인의 성장으로 이어질 수 있도록 해주자. 하루에 회사에서 보내는 여덟 시간의 대부분이 온전히 나의 성장에 도움이 된다는 감각. 그래서 이 조직과 보낸 시간이 결국 지금보다 훨씬 성장한 나로 만들어 줄 수 있다는 확신. 이걸 느끼는 순간, 팀원들은 자신에게 있는 가용한 자원을 모든 것을 끄집어내어 열정적으로 일에 몰입한다.

팀원의 커리어에 대해 고민하라

뒤에서 자세하게 설명하겠지만, 팀원과는 커리어에 대해 주기적으로 이야기를 나눠야 한다. 회사 내에서의 단기적인 커리어도 중요하고, 회사를 벗어난 장기적인 커리어 목표도 의미가 있다. 팀장은 팀원의 커리어 목표를 이해하고 있어야 한다. 물론 커리어 목표를 명확하게 아는 팀원은 드물다. 다만 적어도 어떤 방향으로 나아가고자 하는지에 대해서는 이해해야 한다. 전혀 감을 잡지 못하는 팀원이 있다면 그들이 좋아하고 잘하는 것을 논의하며 방향을 어느 정도라도 함께 잡는 것이 좋다. 전략 팀장, 국내 최고의 생산 전문가, 내부 기술 서비스를 고도화하여 외부에 판매해 사업화까지 가능한 최고의 전문가, 영업 전문가, 투자 전문가, 사람의 마음을 움직일 수 있는 리더 등 한 줄로 표현할 수 있는 커리어 목표를 함께 찾아보자.

커리어 목표에 대해 이야기하는 것은, 지금 내가 회사에서 하는 일이 목표를 위한 과정이라는 점을 인지하기 위해서다. 커리어 목표를 정한 다음에는 비전을 달성하기 위해 지금 부족한 역량이나 더 강화해야 할 장점을 탐색한다. 여기에는 기술, 분석 역량, 업에 대한 전문성 등 하드 스킬의 영역과 리더십, 생산성, 긍정적인 태도, 소통 등 소프트 스킬의 영역이 있다. 가능하면 둘 중의 하나, 즉 커리어 목표 달성을 위해 부족한 역량 혹은 전문가 수준으로 갈고 닦아야 할 강점의 영역과 맞닿아 있는 업무를 부여한다. 이때 항상 아래와 같은 메시지를 전달한다.

"이것은 회사를 위해 당신이 희생하는 것이 아니라, 커리어 목표를 달성하기 위한 과정이다. 이 일이 그 커리어를 달성하는 데 있어서 큰 도움이 될 것이다."

말뿐 아니라 실제로 맡긴 일이 팀원의 성장에 도움이 되도록 진정성 있는 태도로 최선을 다해야 한다. 성공이나 실패의 경험을 통해 한 단계 올라설 수 있도록 업무의 결론을 볼 수 있을 때까지 끝까지 지원해야 한다. 힘들 때 논의하고 기댈 수 있도록 손이 닿는 거리에서 코치의 역할을 해야 한다. 적절한 피드백을 제공하여 본인의 현재 위치를 객관화하여 볼 수 있게 하고, 논의를 통해 부족한 부분을 어떻게 메울지 해결책을 찾아야 한다. 열심히 하고 있지 않다고 느껴질 때는 적절한 자극을 주는 것도 필요하다. 좋은 팀원들이 옆에 있어 그들로부터 자극받고 배울 수 있도록 하는 것도 팀장의 중요한 역할이다.

결국 팀장은 팀원의 미래를 함께 고민해주는 사람이다. 이런 팀장이라면 따르지 않을 이유가 없다. 나의 성공만을 위해 팀원들을 구석으로 몰아넣는 팀장과 구성원의 미래를 진정성 있게 고민하는 팀장, 누구와 함께 일하고 싶은가? 답은 정해져 있다.

[실전 사례]

영업팀의 팀장이었을 때, 회사 내부에서 영입한 팀원이 한 명 있었다. 이 팀원은 4개 국어가 가능하고, 자금팀에서 커리어를 시작해서 재무 분야에 대한 이해도 높았으며, 성격도 좋고 적극적이어서 네트워킹이 뛰어난 사람이었다. 향후 영업팀 팀장이 되기에 자질이 넘쳤다. 그런데 그는 스스로 부족한 사람이라 느꼈다. 자신감이 부족한 것이다. 나는 구체적인 장점을 이야기하며 팀원의 자신감을 높인 후, 커리어 논의를 통해 단기간에 영업팀장이 되자는 목표를 함께 세웠다.

영업팀의 업무에 대한 이해와 역량은 충분했다. 그래서 그가 향후 팀장이 되기에 부족한 역량을 함께 정리해보았다. ①리더십 ②회사 경영 전반에 대한 이해 ③제품에 관한 전문성 강화, 이 세 가지 역량을 키우기 위해 구체적인 계획을 세웠다.

①리더십

두 명을 새로 뽑아서 새로운 팀을 만들어, 채용부터 육성하는 과정을 함께 했다. 초반에는 내가 리드하는 과정을 관찰하게 했고, 중반 이후부터는 그가 직접 리드하고 팀장인 내가 관찰하면서 피드백과 코칭을 실행했다. 리더십은 공부로 얻을 수 있는 것이 아니라 경험이 중요하다. 이렇게 사람을 뽑아서 직접 리드하게 하는 것이 좋다. 여건이 안 되면 적어도 프로젝트 리더, 태스크 리더 등의 작은 단위에서부터 리딩 경험을 하게 하는 것도 좋다.

② 경영 전반에 대한 이해

직접 교육하거나 각종 회사 전략에 대한 자료와 정보를 꼼꼼하게 제공한다. 주요 미팅에 참석하게 하여 주요 현안에 대한 감을 익히게 한다. 중요한 출장에 함께 데리고 가서 핵심 인사를 소개하고, 비즈니스를 더 깊은 차원에서 바라볼 수 있게 한다.

③ 제품에 관한 전문성 강화

제품과 관련한 각종 트레이닝에 참석할 수 있도록 배려하고, 본사 공장 투어를 통해서도 만들어지는 과정을 면밀하게 관찰할 수 있도록 한다.

예상대로 팀원은 빠르게 성장했고, 이후 나를 대신해 팀장이 됐다. 그는 이 과정을 회사를 위해 억지로 하는 일이라고 생각하지 않았을 것이다. 영업팀장이 되기 위한 그의 커리어 목표는 확고했고, 함께한 많은 일이 모두 그의 성장을 위한 것이었기 때문이다.

팀원들의 멘탈 관리도 팀장의 몫이다

인간의 멘탈은 생각보다 약하다. 경험상 팀원 중 멘탈이 정말 강한 극소수를 제외하면 95% 이상이 주기적으로 동기가 높은 상태와 낮은 상태를 지속해서 반복했다.

추진하던 업무에서 성과가 나지 않아 자신감을 잃는 경우, 타 팀원과 갈등하는 경우, 건강, 개인사 등 이유는 다양하다. 그래서 동기 유발의 과정은 일회성으로 끝나서는 안 된다. 지속적, 주기적으로 팀원들을 면밀하게 관찰해야 한다.

동기를 계속해서 높게 유지하기 위한 첫 번째 방법은 일대일 미팅이다. 앞서 이야기했듯 지금 자신에게 어렵고 힘든 지점이 무엇인지를 알기 위해서는 일대일 면담이 반드시 필요하다. 평소에 편안하게 이야기할 수 있는 환경을 만드는 것도 매우 중요하다.

두 번째 방법은 만족도 서베이를 진행하는 것이다. 측정되는 것만이 개선될 수 있다. 분기별로 열심히 쌓아 올린 팀 시스템에 대한 점검을 주기적으로 하면서, 전반적인 동기 수준과 함께 자유, 공헌, 성장이라는 세 키워드를 토대로 만족도를 조사하자. 구글시트 등을 이용해 10분이면 서베이를 만들어 실행할 수 있다.

팀원들의 에너지를 높게 유지하는 데에는 리더의 에너지도 결정적 역할을 한다. 리더가 처져 있거나 부정적인 말과 행동을 반복하면 팀 분위기도 가라앉을 수밖에 없다. 이는 건강한 팀 빌딩을 위한 주요 요소로, 팀장이 자기 관리를 통해 노력해야 하는 영역이다.

팀장은 지치면 안 된다. 좌절해서도 안 된다. 써놓고 보니 말이 안 되는 것 같기는 하다. 팀장도 인간인데 말이다. 이를 현실적으로 표현해보겠다. 좋은 팀장이 되려면 평소 자신을 잘 챙겨서 최대한 높은 에너지를 유지하려고 노력해야 한다. 여기서 자기 관리란 몸과 정신 건강을 모두 의미한다. 수면, 음식, 운동, 스트레스 등 가능한 모든 영역을 철저하게 관리해야 한다.

물론 팀장도 사람이기에 지치고 힘들 때가 온다. 그럴 때는 부정적인 기운을 발산하기보다 팀원들에게 솔직하게 도움을 청하자. 지친 것 같다, 휴식이 필요하다, 팀원들이 더 나서서 나의 빈

[만족도 서베이의 예시]

항목	매우 그렇다	그렇다	보통 이다	그렇지 않다	매우 그렇지 않다
회사 생활에 전반적으로 만족하는가?					
일하는 과정에서 자유를 보장받고 있는가?					
우리 팀은 충분히 수평적인가?					
우리 팀은 일하는 형식(시간·장소·방식)에 있어 최대한 자유를 보장하는가?					
팀장이 마이크로 매니징하지 않고, 충분한 자유를 주는가?					
나는 의미 있는 단위로 미션을 받고 있는가?					
원하는 일을 유연하게 실행할 수 있는가?					
나는 회사에 공헌하고 있는가?					
내가 하는 일이 회사에 도움이 된다고 느끼는가?					
내가 하는 일에 대해 충분히 인정받고 있다고 생각하는가?					
내가 힘들 때 리더는 나에게 용기를 주는가?					
일하는 과정에서 성장하고 있는가?					
나의 커리어와 연결되는 일을 하고 있는가?					
적절한 코칭·피드백을 받고 있는가?					
적절한 외부 자극(책·교육·전문가·벤치마킹)을 받고 있는가?					

자리를 메워주었으면 좋겠다…. 만약 지금까지 팀원들에게 제대로 용기를 줬다면 이런 상황에서 나 몰라라 할 팀원은 없다.

마지막으로 팀원들을 사랑해야 한다. 회사에서 사랑이라니, 불가능한 이야기를 하고 있다고 여길 수도 있다. 물론 어렵고 조심스러운 이야기다. 하지만 좋은 팀을 만들기에 이 이야기를 하지 않을 수 없다. 팀원의 성장을 진심으로 바라는 마음은 자식을 키우는 부모의 마음과 비슷하다. 대가를 기대하는 사랑이 아닌 그저 그들이 잘됐으면 좋겠다고 생각하는 마음. 이러한 사랑을 기반으로 한 진정한 관심, 응원, 지원, 이 마음이 동기 유발의 핵심이지 않을까?

시차가 있을 수는 있지만, 진심은 통한다. 꼭 100%가 아닌 90%, 50%만큼이라도 노력한다면 진심은 닿을 것이다. 대가를 기대하지 않고 사랑을 주면 적어도 나는 행복하다. 그러니 분명 밑져도 남는 장사다.

팀원들에 대한 사랑을 바탕으로 그들이 성장할 수 있도록 배려하고, 자유롭게 일할 수 있는 환경을 만들며, 그 결과 '팀에 공헌할 수 있어서 회사에서 일하는 시간이 대체로 행복하다'고 느낄 수 있다면 이보다 의미 있는 일이 더 있을까?

동기는 동기를 유발한다고 말했다. 팀원 한 사람 한 사람의 동기를 깨우다 보면 서로 자극을 주고받고 자가 발전하여 어느 순간 하나의 에너지 덩어리처럼 움직이는 팀을 발견할 수 있을 것이다.

업무 관리

3장

팀원을
일잘러로 만드는 법

팀원이 성장하지 않고는
팀이 성장할 수 없다

사업에는 흥망성쇠가 있다. 넷플릭스는 비디오 대여업으로 시작했지만, 기술과 산업의 흐름을 정확히 읽고 온라인 스트리밍으로 빠르게 전환하여 성공했다. 아마존은 온라인 책 판매 사업으로 시작했지만 이후 온라인 쇼핑, 지금은 클라우드 및 소프트웨어 사업으로까지 확장했다. 삼성 그룹의 시작은 정미소로, 초기에는 식품·의복 등의 무역이 주력 사업이었고, 지금은 반도체 및 전자 기기가, 미래에는 바이오산업을 주력 사업으로 보고 있다.

이처럼 사업은 영원하지 않다. 중요한 것은 세상의 흐름을 읽고 그 방향으로 회사의 미래를 만들어 나갈 '사람'의 존재다. 얼마나 좋은 인재를 확보하고 키워내느냐가 기업의 성공을 좌우하는 것이다. 이는 오래된 큰 회사나 이제 시작하는 스타트업 모두에 그렇다.

이렇게 거시적이고 장기적인 시각뿐 아니라 당장 팀장에게 주어진 일을 제대로 해내기 위해서도 사람은 가장 필수적인 요소다. 위로 올라갈수록 많이 느끼게 되는데 팀장 혼자서, 임원 혼자서, 대표 혼자서 할 수 있는 일에는 한계가 있고, 결국 사람이 기업 성장의 범위와 한계를 정의한다.

그래서 기업의 성장에 있어 좋은 사람이 얼마나 있느냐가 '가장' 중요하다. 그러나 항상 완성형 인재를 뽑을 수는 없다. 그뿐 아니라 기업이 처한 환경은 항상 달라지고 기술도 발전하기 때문에 이에 맞는 인재를 키우는 문화와 시스템을 갖추는 것이 중요하다.

팀장의 첫 번째 미션은 바로 이런 사람을 확보하고 키우는 일이다. 조직은 팀제로 운영되며, 대부분 직장인은 팀 단위로 일한다. 임원이나 대표와도 교류가 있지만 일상 중 극히 일부일 뿐이다. 그렇기에 가장 많이 만나고, 주로 함께 일하는 팀장의 역할이 팀원의 성장에 절대적이다.

성과보다 사람이 우선이다

결국 성과로 평가받는 냉혹한 기업 세계에서 성과보다 사람을 우선순위에 두라는 말은 지나치게 감상적으로 들릴 수 있다. 하지만 이 책 전체에서 가장 강조하고 싶은 메시지를 꼽으라면 나는 이 말을 꼽을 것이다. 왜 그럴까? 다음은 팀의 역량을 수치화해본 것이다.

$$팀의\ 역량 = 팀장의\ 리더십 \times 팀원의\ 역량$$

팀의 역량은 팀장의 리더십과 팀원의 역량의 시너지라고 볼 수 있다. 팀원의 역량을 키워내야 중장기적으로 팀이 낼 수 있는 결과의 수준이 높아지고, 팀원의 역량이 제자리면 팀 성과는 제한된다. 즉, 팀원의 성장 없이 팀의 성장도 없다.

앤드루 S. 그로브는 《하이 아웃풋 매니지먼트》에서 리더는 "레버리지(Leverage)가 높은 일에 시간을 많이 써야 한다"라고 했다. 팀장이 팀원의 역량 향상을 위해 쓴 1시간이 팀원의 역량을 향상시켜 그가 지속적으로 일하는 데 있어서 2주 혹은 80시간 이상의 효과를 낸다면 투자 시간 대비 결과가 높은 매우 생산적인 활동이라고 보는 것이다.

그런데 성장이 중요하다는 것은 누구나 알지만 왜 성과보다 '더' 우선순위에 두라는 것일까? 팀장이라면 성과에 신경 쓰지 않을 수 없다. 성과는 눈에 보이기 때문에 우선순위를 낮게 잡는 것이 불가능하다. 또 회사는 성과 낮은 팀장을 가만두지 않는다. 주간 보고, 월간 보고, 핵심 성과 지표(Key Performance Index, 이하 KPI), 목표 관리(MBO) 등 성과를 측정하는 프로세스는 촘촘하다. 조금이라도 뒤처지면 압박이 들어오고, 성과가 지속해서 낮으면 팀장의 자리에서 내려와야 한다.

반면 사람의 성장은 정성적인 것이며 눈에 보이지 않는다. 기업에서는 팀장이 팀원의 성장에 얼마만큼의 에너지를 투여하고 있는지 알 방법이 없다. 사실 관심이 없는 경우가 더 많다. 임원들은 단기 성과가 잘 나오면 사람의 성장은 문제 삼지 않기 때문이다.

또 사람의 성장은 바로 결과가 나오는 일이 아니다. 코칭, 피드백, 교육에 시간을 들여도 단기적으로는 효과가 눈에 보이지 않기 때문에 의욕이 떨어진다. '이럴 시간에 성과를 내는 데 집중하는 게 좋지 않을까?'라고 생각하기 쉽다.

그뿐 아니라 팀장은 바쁘다. 회의, 보고, 팀원들 면담, 외근, 출장, 협력사 미팅 등 챙겨야 할 것이 한두 개가 아니다. 이렇게 바쁜 일상을 살다 보면 성장이란 마치 여름방학을 시작할 때 세워

둔 계획표처럼 잊기 쉽다.

그래서 사람을 성과보다 우선순위에 두어야겠다는 철학을 확고하게 해야만 성장을 위한 최소한의 시간과 에너지를 배분할 수 있다. 그렇지 않으면 팀원은 잊히고, 팀장은 성장하지 않는 팀원들의 역량을 성과를 위해서만 쓰다가 결국 일정 수준 이상 도약하지 못하게 된다.

바쁜 일상과 성과에 대한 무거운 압박감 가운데 팀원들을 위해 시간을 내는 몇 가지 방법을 소개한다.

① 시간을 먼저 배분한다

무조건 한 달에 두 번(각 한 시간씩) 팀원들과 일대일 미팅을 잡는다. 그것도 적어도 미리 6개월 치를 잡는다. 일주일 중 특정한 요일을 잡는 것도 좋다. 아마존의 매니저들은 일주일에 한 번씩 팀원들과 일대일 미팅을 하는 것이 의무라고 한다.

'미리' 미팅을 잡는다는 것은 내 캘린더에 이 시간을 확보하고 등록한다는 의미다. 팀원들과의 미팅은 조정하기 쉽기 때문에 다른 중요한 미팅이 생길 때마다 시간을 바꾸는 일이 허다하다. 그러나 가능한 바꾸지 않으려고 노력해야 하며, 중요한 일이 생기면 일정을 바꿔서라도 반드시 진행하려고 해야 한다.

② 할 일 목록의 상위 카테고리에 '팀원의 성장'을 배치한다

나는 일주일 일정 계획표를 '채용·조직', '육성', '팀워크', '중장기 전략', '데일리 업무' 등으로 카테고리화 해서 관리한다. 이 중 팀원과 관련한 일을 가장 위에 배치한다. 이는 스스로 리마인드 하는 효과를 일으킨다.

일상에 치이다 보면 팀원은 어느새 뒷전으로 밀리고 성과에 집착하는 나를 발견한다. 사람은 망각의 동물이다. 주기적으로 중요한 업무를 일깨워주는 장치가 필요하고, 그와 관련한 도서를 읽는 것도 큰 도움이 된다.

[팀장의 일주일 일정 계획표]

	10/1(월)	10/2(화)	10/3(수)	10/4(목)	10/5(금)
채용·조직					
육성					
팀 동기 부여					
전략 과제					
일상 업무					
네트워킹·아이디어					
자기계발					

부정적으로 판단하는 순간
변화는 사라진다

전통적 관념에서 팀장은 독단적으로 의사 결정을 하고, 본인이 결정한 방향으로 모두를 이끄는 강한 카리스마를 가진다. 그러나 내가 생각하는 이상적인 팀장은 '장군'보다 '코치'의 모습에 가깝다. 본인이 가진 능력과 영웅적인 리더십을 기반으로 성공을 쟁취하는 리더보다 팀원들이 가진 역량과 동기를 최대치로 끌어올려 팀으로 성공을 만드는 리더. 이것이 더 바람직한 팀장의 모습이라고 생각한다.

코칭은 기술보다 마음가짐에 가깝다. 세부적으로 어떤 방법론을 사용할 수 있을지에 대해서는 뒤에서 언급하기로 하고, 여기서는 코치라면 어떤 철학을 가져야 하는지 알아보기로 하자.

모든 사람에게는 무한한 가능성이 있다

코칭의 가장 기본적인 전제는 바로 '모든 사람에게는 무한한 가능성이 있다'는 믿음이다. 당연한 말처럼 들릴 수 있으나 실생활에서 이런 철학을 가지고 업무에 적용하는 것은 말처럼 쉽지 않다. 일반적으로 우리는 작은 사건이나 관찰로 부정적인 판단을 내리기 쉽다. 똑똑하지 못해서, 게으른 기질을 가지고 있어서, 그동안 잘못 배워서 등의 이유로 '사람은 쉽게 변하지 않는다'며 빠르게 포기하는 경우가 많다.

이때 필요한 것은 빠른 판단이 아닌 인간의 가능성에 대한 본질적인 믿음이다. 마음을 열면 주변의 누군가가 좋은 방향으로 극적으로 변한 예를 충분히 찾을 수 있다. 꾸준히 노력하면 사람의 능력은 반드시 개선될 수 있다는 주장의 증거다. 코칭은 부정적으로 생각하는 순간 실패한다. 이왕 함께하는 팀원에 대해 인간은 변할 수 있고, 믿어야 변할 수 있다고 생각해서 손해 볼 게 뭐가 있겠는가?

필요한 해답은 그 사람의 안에 있다

기질적 특성과 처한 환경을 가장 잘 아는 사람은 바로 자기 자신이다. 타인이 아무리 관심을 가지고 관찰해도 자기 자신보다 잘 알 수는 없다. 복잡성과 불확실성이 큰 인생 가운데 발생하는 많은 문제에서 하나의 정답은 존재하지 않는다. 다수의 사람에게 성공적으로 적용됐던 해결책이 반드시 나에게 맞으리라는 법도 없다. 나의 강점, 약점, 주어진 환경적인 요소들을 모두 고려하여 나에게 맞는 최적의 답을 찾을 수 있는 사람도 나 자신뿐이다. 그리고 이렇게 찾은 답이 누군가에 의해 주어진 답보다 훨씬 강한 힘을 갖는다.

예를 들어 체력이 부쩍 약해졌다고 하자. 주위에서도 이를 알아채고 조언한다. 술, 담배 줄이고, 운동하고, 먹는 것도 가려 먹고, 잠을 늘리고, 스트레스받지 말고…. 하지만 이 모든 것을 한 번에 할 수는 없다. 그리고 남에게 통하는 방법이 나에게 정답인 것은 아니다. 나의 경우, 잠을 줄이는 것보다 운동을 더하는 게 체력을 올리는 데 효과적이다. 운동은 그룹 운동보다 개인 운동이 더 잘 맞는다. 아이가 어려서 시간을 많이 낼 수 없기 때문에 짧은 시간에 효과가 큰 운동을 골라야 한다. 이런 식으로 나의 기질적 특성과 주어진 상황에 맞는 해결책은 결국 나만이 알 수 있다.

해답을 찾기 위해서는 파트너가 필요하다

코치의 역할은 세 가지다. 첫 번째 역할은 최대한 객관적인 관찰 포인트를 제공하여 자아 성찰의 기회를 열어주는 것이다. 누구나 자신의 장단점을 객관화해서 판단하기란 쉽지 않다. 보는 것, 말하는 것, 듣는 것도 (내면보다) 바깥세상에 초점이 맞추어져 있다. 그렇기 때문에 제3자의 눈으로 선수의 내면을 관찰하여 그 내용을 말해주는 역할이 필요하다. 이것이 코칭의 시작이다. 선수는 이 단계에서 변화의 필요성을 느낀다.

두 번째는 질문을 통해 해결책을 찾는 여정을 안내하는 것이다. 미리 언급했듯 문제에 대한 모든 해결책은 자신에게 있다고 했다. 이를 찾아내고 실행 가능한 형태로 구체화하는 과정의 안내자가 되는 것이 코치의 역할이다. 이때 적절한 질문을 잘 던져야 한다. 코치가 질문을 던지면 당사자는 생각한다. 생각을 답으로 만들어서 말하는 과정에서 스스로 설득된다. 이 과정에서 얻은 답은 누군가에 의해 주어지고 강요된 해결책보다 더 큰 힘을 갖는다. 찾아낸 방향을 실현 가능한 계획으로 구체화하는 것 역시 질문을 통해 만들어야 하는 결과물이다. 정확히 '언제부터' 구체적으로 '어떻게' 실행하겠다는 질문에 답하면 이것이 계획이 된다.

코치의 세 번째 역할은 실행 과정에 있어서 파트너가 돼주는 것이다. 복싱 영화를 보면 선수는 달리고, 코치는 선수가 포기하지 않도록 옆에서 자전거를 탄다. 줄넘기할 때도, 스파링할 때도 코치는 함께한다. 해결책을 같이 찾는 것에 더해 실행하는 과정에서 '계속하는 힘'을 가질 수 있도록 용기와 자극을 주는 것이 코치의 역할이다.

정리하자면 코치란 선수의 무한한 가능성에 대한 믿음을 기반으로 질문을 통해 선수의 내면에 있는 최적의 답을 끌어낼 수 있도록 도와주고, 이렇게 찾은 답의 실천을 위한 여정을 지속할 수 있도록 꾸준한 자극과 응원을 보내주는 파트너라고 정리할 수 있다.

피드백이란 눈에 보일 때 하는 잔소리가 아니다

자기 자신을 객관적으로 보기란 어렵다. 내가 생각하는 나와 여러 사람이 관찰한 나의 모습은 보통 차이가 크다. 무엇이 옳은 걸까? 정답은 없다. 그러나 발전을 위해서는 내가 모르는 나의 약점 혹은 강점에 대해 알 필요가 있다.

물론 나를 잘 모르는 사람들이 가볍게 하는 평가에 필요 이상으로 신경 쓸 필요는 없다. 하지만 내가 신뢰하고, 나의 성장에 관심이 있고, 진정성 있는 태도로 내가 일하는 모습을 세밀하게 관찰한 팀장의 이야기라면 어떨까?

한 번쯤은 좋은 선배나 사수를 만났던 경험이 있을 것이다. 그때 선배들의 진심 어린 조언, 때로는 눈물 나게 따끔했던 조언들이 지금의 나를 만드는 데 크게 기여했다는 것을 부정할 수 없을 것이다. 인생의 성장 곡선 중 기울기가 가파르게 올라가는 시기를 잘 살펴보면 항상 이런 피드백이 큰 역할을 한다.

나에게도 그런 피드백들이 있었다. 업무 3년 차 때 함께한 팀장님은 "그런 식으로 시키는 일만 열심히 할 거면 더 이상 당신이 필요 없어"라고 조언했는데 이때 주도적인 업무 진행의 중요성을 알게 됐고, 7년 차일 때 팀장님은 "넌 모두에게 좋은 사람이 되려 한다. 그러면 일이 진행이 안 되는 경우가 많다"라고 조언했는데 실행을 위해서 때로는 갈등에도 당당하게 맞서야 한다는 것을 알게 됐다. 객관적이고 애정이 담긴 관찰을 통해 나조차 몰랐던 약점을 짚어주었기에 변화할 수 있었다.

피드백을 주고받는 것은 어렵다. 인간은 기본적으로 갈등을 싫어한다. 다른 사람의 약한 점을 지적하는 것은 주는 사람이나 받는 사람이나 갈등이 유발될 가능성이 큰 행위다. 그래서 본능적으로 피하게 된다. 그러나 이것을 계속 피하면 발전하기 어렵고, 잘못된 행동을 되풀이한다. 잘해야 제자리이거나 악화될 가능성도 있다.

체면을 중요시하는 우리나라 문화에서 피드백을 하기는 더 어렵다. 나는 그동안 맡은 대부분의 조직에서 피드백 프로세스를 도입했는데, 그때 반응은 대부분 매우 부정적이었다. 비난받는다는 느낌, 결국 평가에 악용될 것이라는 걱정 때문이었다.

이때 중요한 것이 목적과 신뢰다. 피드백을 줄 때마다 피드백이 필요한 이유에 대해서 반드시 이야기한다. 그리고 실제로 피드백이 그 사람에게 도움이 되는 것을 느낀다. 이 과정이 반복되면 신뢰가 쌓인다. 신뢰가 쌓이면 피드백을 서로(팀장과 팀원뿐 아니라 팀원끼리도) 주고받는 것은 건강한 문화가 된다.

피드백의 목적은 비난이 아닌 개선

그러면 피드백은 어떻게 해야 하는가? 실제 사례를 통해 살펴보겠다.

고객관리팀의 중간 관리자였던 김 과장은 경력이 무려 30년이나 돼 프로세스도, 시스템도 잘 아는 전문가였다. 무엇보다 성실한 매니저였다. 그런데 뜻밖에 타 팀이나 고객들로부터 전달되는 평가는 그리 긍정적이지 않았다. 주로 "약속은 많이 하는데 지키지 못 한다", "답변이 없거나 느리다"라는 반응이었다. 일의 특성상 이런 종류의 불만은 있을 수도 있다고 생각되어 처음에는 가볍게 넘겼다. 그러나 이러한 평가가 여러 사람에게 계속해서 접수되기 시작했다. 그러던 중 김 과장이 장기 휴가를 간 동안 내가 그의 업무를 백업하면서 정말 문제가 있음을 알게 됐다. 그가 보냈던 메일 중 대응 속도에 대한 불만을 가진 고객에게 "앞으로 무조건 24시간 안에 답변해주겠다"라고 쓴 표현을 발견했다. 이는 업무 구조상 절대 불가능한 약속이었다.

깊은 고민이 시작됐다. 김 과장은 우리 팀의 기둥이다. 그리고 무엇보다 밤낮없이 자기 삶을 희생하면서 열심히 하는 매니저다. 이런 동료에게 부정적인 피드백을 주기란 쉽지 않았다. 더군다나 이 건은 개인의 자존심에 상처를 줄 수 있는 민감한 문제라는 생각이 들었다. 김 과장에 대한 신뢰와 관심을 기반으로, 왜 이런 일이 반복되는지 깊게 고민하기 시작했다. 관찰한 사실을 분류하고, 원인을 분석하는 과정에서 내 나름의 결론을 도출했다.

바쁜 일이 끝나고 적절한 시점을 찾아 김 과장과 일대일 대화를 하기 위해 미리 일정을 잡고 회의실에 앉았다. 시작하기 전에 "이런 이야기를 하는 것은 절대 비난하기 위함이 아니라 당신의 발전을 위한 것이다. 그리고 내가 이런 피드백을 주기까지는 오랜 시간 충분한 관찰과 숙고를 거쳤다"라는 점을 미리 강조했다. 신뢰를 형성한 후 내가 관찰한 이슈에 대해서 논의하면서 무엇보다 사실을 최대한 자세하게 전달하고자 했다.

◇ 무조건 24시간 안에 대응해달라고 한 요청에 "YES"라고 답한 것은 업무 프로세스상 불가능하다는 점

◇ 업무 마감에 120% 집중해야 하는 마감일에 시급성 떨어지는 신입 사원 교육을 진행한 점

◇ 당일 6시까지 완료하겠다고 여러 번 약속한 업무가 결국 하루가 지연되어 마무리된 점

이러한 피드백을 줄 때 구체적인 사례를 제시하지 않으면 문제를 정확히 인지하지 못하거나 근거 없는 잔소리로 들을 가능성이 있다. 그래서 반드시 평소에 사례를 관찰하여 기억했다가 전달해야 한다. 구체적일수록 좋기 때문에 잊기 전에 기록하는 것이 좋다.

처음에 김 과장은 내 이야기에 본능적인 거부감을 보였다. 자신을 방어하기 위해 일단 핑계부터 댔다. 그러나 사례를 들어 이야기하다 보니 생각보다 어렵지 않게 수긍했다. 김 과장도 일련의 행동은 반복 행동(Pattern)이라는 것을 인정했다. 이후 질문을 통해 직접적인 원인에 대한 논의를 진행하였다.

◇ 왜 무리한 약속을 하는가?
◇ 왜 기대 완료 시점을 명확히 계산하지 못할까?

깊은 대화의 결과 우리는 다음과 같은 사실을 알게 됐다. 우선

김 과장은 기본적으로 세상 모든 일을 낙관적으로 보기 위해 노력하는 사람이다. 반면 그는 그동안 조직에서 능력에 비해 충분히 인정받지 못했다. 그러다 보니 조직 내외의 요청에 대해서 무조건 알겠다고 약속하는 습관이 생겼다. 이는 불안감에서 온 잘못된 행동이었다.

우선순위에 대한 개념도 약했다. 체계적으로 계획해서 일하는 방식을 배운 적이 없었다. 서로 납득할 만한 답을 구한 후, 해결책을 논의하기 전에 우선 내가 김 과장의 역량과 성과에 얼마나 만족하고 있는지와 김 과장이 없으면 이 팀이 절대 굴러갈 수 없다는 사실에 대해 공을 들여 이야기했다. 심리적인 불안을 해소해주기 위해 지속적으로 김 과장의 역량과 성과에 대해 긍정적인 피드백을 해줬다.

이후 해결책에 대해 논의했다. 사실 직접적인 원인을 이야기하는 과정에서 해결책이 보이는 경우가 많지만, 이를 더욱 명확히 하기 위해 해결책 탐색 과정을 갖는다. 이 또한 질문을 통해 진행한다. 팀원의 입에서 다짐하듯 해결책에 대한 생각이 나오는 게 가장 이상적이다.

위에서 이야기한 문제에 대한 직접적인 원인을 해결할 방법은 무엇일까? 논의를 통해 정리한 해결 방향은 다음과 같다.

◇ '극단적인 낙관주의'에서 '현실적인 낙관주의'로 인식 변화

◇ 업무 우선순위 확립

◇ 미리미리 꼼꼼하게 계획을 세우는 습관

◇ 효율성을 높이고 한 번에 하나의 일에 집중

◇ 대리점 및 고객의 요청에 대해서 보수적으로 대응

이야기해가면서 살을 붙여 나가고, 동시에 중요한 것으로 추렸다. 결국 남은 핵심 단어는 바로 '계획'이었다. 사전에 일을 계획하는 것이 중요하다는 것. 계획이라는 단어에는 우선순위, 효율성 증진, 보수적(현실적) 예측, 인력 활용이라는 의미가 모두 들어 있다. 결론에 도달한 후 위 사례들을 되짚어가며 어떻게 하면 이전과 같은 상황에서 더 잘할 수 있을지 논의했다.

또 여기에 그치지 않고, 세부적인 행동 과제를 정리했다. 그래야 향후 서로 진행 상황을 점검할 수 있기 때문이다. 행동 과제의 내용은 다음과 같다.

행동 과제 1: To-Do list의 활용(필요하면 팀장이 직접 사용하는 우선순위 계획 템플릿을 제공하거나 가이드한다)

행동 과제 2: 팀 운용 계획 수립

행동 과제 3: 매일 혹은 일주일에 세 번 정도 팀 회의를 통해 업무 배분 진행

이 과정을 정리하면 다음과 같다.

[효과적인 피드백 과정]

리더의 시간	대화의 시간	변화의 시간
1. 문제 인식 2. 진정한 관심을 기반으로 한 세심한 관찰 3. 이슈에 대한 근본적인 원인 파악 4. 근본 원인에 대한 해결책 도출	2. 피드백의 목적 전달: 비난과 평가가 아닌 성장이 목적 2. 사례를 들어 문제나 이슈에 대한 공감대 형성 3. 질문과 토론을 통한 근본적 원인 탐색 및 해결 방안 합의 4. 행동 과제 합의	1. 월간 성장을 위한 대화를 통해 행동 과제 점검 2. 실질적인 변화가 있었던 객관적 사례를 전달하여 변화에 지속적 동기 부여

피드백이 필요한 일이 있다면 우선 이슈와 직접적인 원인을 파악하고, 팀장이 제안할 수 있는 해결책 초안을 적어본다. 준비에 들어가는 정성이 피드백의 품질을 좌우하는 것은 물론이다. 피드백을 할 때는 일방적인 통보가 아닌 질문과 토론 중심의 대화가 이어지도록 하는 것이 중요하다. 우선은 팀장이 꼼꼼히 관찰한 사례를 전달한다.

"이런 이슈(문제)가 발생하는 근본적인 원인이 뭐라고 생각해?"

팀원의 답은 내가 미리 생각해놓은 답과 비슷할 수도 있고, 아닐 수도 있다. 팀원의 답이 더 적합하다면 이를 기준으로, 만약 내 답이 더 적합하다고 생각한다면 조심스럽게 나의 관점을 제시한다. 그 후 해결책에 대한 토론으로 넘어가며 실행 가능한 구체적인 행동 과제를 협의한다. 매달 함께 수립한 행동 과제들을 '성장의 대화'를 통해 함께 점검한다. 개선 사례가 있다면 전달하며 동기 부여하고 응원한다.

피드백은 눈에 보일 때 하는 잔소리가 아니다. 세심한 관찰, 깊은 고민과 준비 끝에 체계적으로 진행해야 하는 중요한 프로세스다. 피드백의 목적은 과거를 비난하기 위함이 아닌 개선을 위해 보이는 관심이라는 것을 명확하게 한다. 일방적인 지시보다는 질문을 통한 토론으로 공감대를 형성해 나가는 것도 중요하다.

팀원 커리어에 맞는
역량 개발 목표가 필요하다

"팀장이 팀원의 커리어까지 챙겨야 합니까? 그건 개인적인 영역 아닐까요?"

단언하지만 팀원의 커리어를 고민하는 것은 팀장의 중요한 역할이다. 앞서 언급했듯이 리더십은 인간 본성에 순행하는 것이 효과적이다. 인간은 이기적인 존재다. 팀원이 장기적으로 가장 신경 쓰는 것은 그 자신의 커리어다. 왜 일하는가? 당장의 생계를 위해서도 있지만, 결국 내가 원하는 장기적 커리어 목표를 달성하기 위해서다. 만약 이런 생각을 하지 않고 하루하루 단기 관점에서 일하는 데만 급급한 팀원이 있다면? 오히려 그러면 안 된다고 알려줘야 한다. 왜? 우리가 추구하는 것은 개개인의 성장이다. 성장을 하려면 동기가 있어야 하고, 가장 강력한 동기는 내부에서 나온다. 가장 강력한 동기 중 하나가 바로 자신의 장기 커리어에 대한 목표이기 때문이다.

팀장이라면 팀원 역량 개발의 목표를 더 담대하고 길게 잡아보자. 단순히 내 팀에 있을 때 일을 잘하게 해 그 덕을 보는 게 목표가 아닌 그가 원하는 커리어를 성취하도록 돕는 리더라면, 이런 팀장의 말을 듣지 않을 팀원이 있을까?

커리어 개발을 도왔다가 다른 회사에 이직하거나 다른 팀에 가버리면 손해 보는 것 아닐까? 그렇지 않다. 단기적으로는 6개월이든, 1년이든 해당 직원이 일하는 동안 더 나은 결과를 만들 수 있다. 그리고 커리어에 신경 써주는 팀장이라는 명성을 얻으면 회사 내외의 다른 직원들이 선망하는 팀이 된다. 채용이 쉬워지고, 남아 있는 직원들의 사기도 오른다.

그럼 커리어에 대한 논의는 어떻게 진행하는 것이 좋을까? 어렵게 생각할 것 없이, 다음의 세 단계로 진행한다.

팀원의 과거를 이해하기

깊이 있는 커리어 논의를 하기 위해서는 팀원을 알아야 한다. 팀원도 스스로를 돌아보는 과정이 필요하다. 우선 일대일 미팅을 하자. 회의실도 좋고, 산책하면서 해도 좋다. 출장을 오가는 차에서 하는 것도 좋다. 편하게 이야기하는 것이 중요하다. 질문을 통해 팀원의 과거를 이해한다.

◇ 인생의 중요한 변곡점(학교나 과 선택, 취직, 이직, 팀 이동 등)에서 그러한 선택을 한 이유는 무엇인가?

◇ (회사에서나 개인 생활 차원에서) 좋아하는 것은 무엇인가?

◇ (회사에서나 개인 생활 차원에서) 당신이 상대적으로 잘한다고 느끼는 분야는 무엇인가?

이런 대화는 팀원을 알게 된 지 1~3개월 사이, 즉 적당한 신뢰를 쌓은 후에 하는 것이 좋다. 너무 늦지 않아야 하는 것은 물론이다.

팀원의 중장기 커리어 목표 수립하기

두 번째 단계는 커리어 목표에 대한 대화다. 역시 편한 분위기에서 일대일 미팅을 하며 다음의 두 가지 질문을 던진다.

◇ (10년 뒤, 15년 뒤) 장기적인 커리어 목표는 무엇인가? 결국 커리어에서 달

성하고자 하는 것이 무엇인가?

◇ (2년에서 5년 뒤) 중기적인 커리어 목표는 무엇인가?

평소에 이런 생각을 많이 안 하는 팀원들도 있기 때문에 쉽게 답을 얻을 수 있는 주제는 아니다. 어떻게 하면 답을 편하게 이끌 수 있을까? 팀원 자신의 생각이 확고하면 가장 좋고, 그렇지 않을 때는 다음과 같은 방법을 써보자.

◇ 사전에 질문하고 생각해오게 한다.

◇ 나의 사례를 이야기해준다.

◇ 다른 사람의 사례를 이야기해준다.

◇ 첫 번째 과거의 대화를 통해 알게 된 사실(가치관, 성향, 좋아하는 것, 잘하는 것)을 늘어놓으며 생각을 유도한다.

가능한 결과물을 생각해보면 다음과 같다. 너무 거창한 것이 아니어도 된다.

장기 목표	중기 목표
CEO, 전문 경영인	전략 경험했으니 현업인 영업을 경험
영업 전문가	B2B 영업을 해보았으니 B2C 영업을 경험

최고의 제조 기술 전문가	설비에 대한 더 깊은 배움
데이터 스페셜리스트	공급망 관리팀에서 데이터 관리 업무 경험
CFO	회계팀을 경험했으니 재무관리팀 경험
와인 사업가	영업팀에서 다양한 F&B 경험

커리어에 따른 개발 포인트 잡기

이제 세 번째 단계다. 위와 같은 중장기 커리어 목표를 달성하려면, 현재 일에서 어떤 역량을 개발하면 좋을지 논의한다.

◇ 중장기 커리어를 위해 요구되는 핵심 역량 세 가지는 무엇인가?
◇ 세 가지 역량에 대한 나의 지금 수준은 어떠한가?

[역량 예시]

① 기본 역량
◇ 리더십 경험, 데이터 관리 역량, 더 꼼꼼하게 업무를 처리하는 역량, 타 팀과 협업을 잘하는 역량, 커뮤니케이션 역량, 현재를 혁신하려는 태도, 변화 관리, 우선순위화, 글로벌 경험 등

② 업무 관련 전문 역량

◇ 전략, 영업, 생산, 구매, 생산, 마케팅, 인사, 재무, 고객 관리 등

◇ 위의 각 분야에서 더 세분화된 업무 영역: 데이터 관리, 논리적으로 생각하기, 기술 영업, 생산 관리 기술, 설비 기술 등

여기까지가 커리어 논의를 위해 필요한 과정이다. 이제는 이 역량을 실제로 키울 수 있도록 물심양면 지원하는 일만 남았다. 이제 그 과정을 어떻게 체계적으로 진행해야 할지 그 방법을 알아보자.

팀원의 업무력을 높이는 액션 플랜

모든 과정이 완벽할 필요는 없다. 일단 하는 게 중요하다. 이 과정을 함께 겪었다는 것만으로도 팀장과 팀원 모두 의미 있는 관계를 수립할 수 있을 것이다. 커리어 목표를 수립하고 커리어 목표 달성을 위한 개선 필요 역량을 정의했다면, 이제는 이를 달성하기 위한 구체적인 계획을 세울 차례다.

역량 개발 계획을 수립하는 이유는 추상적으로 존재하던 역량 개선에 대한 아이디어를 실행하고 연결하기 위함이다. 작은 행동으로 쪼개고, 기간을 특정해야 바로 움직일 수 있다. 두루뭉술하고 큰 아이디어는 '언젠가는 꼭 해야지'라는 생각으로 미뤄지면서 몇 개월, 몇 년 그대로 남을 가능성이 크다. 팀장은 팀원들이 역량 개선을 위한 활동에 바로 나설 수 있도록 독려해야 한다. 또 이렇게 구체적인 행동과 시간, 목표가 명확해야 진행 상황을 서로 점검하며 앞으로 나아갈 수 있다.

함께 일했던 이 과장의 사례를 들어 설명해보겠다. 이 과장은 내가 SCM(Supply Chain Management, 공급망 관리)팀을 맡아 운영할 때 중간 관리자로 일했던 인재다. 해당 분야에서 이름난 대기업에서의 경험과 전문성을 높게 평가하여 어렵게 데려온 상황이었다.

커리어에 대한 논의를 진행한 결과, 이 과장은 장기적으로 SCM 분야에서 인정받는 리더로 빠르게 성장하기를 희망했다. SCM에 대한 전문성을 기반으로 해당 분야에서 비즈니스 리더가 되겠다는 의미였다. 이 바람이 당연한 말처럼 느껴질 수도 있지만, 이 과장과 같은 스페셜리스트(Specialist, 한 분야의 전문가)가 아닌 다양한 경험을 가진 제네럴리스트(Generalist)인 전문 경영인 등의 길을 희망하는 직원도 많다.

이 과장은 SCM 업무에 대한 애정이 있었고, 재능도 있다고 스스로 판단하고 있었다. 또 지기 싫어하는 성격과 빠르게 성장하고자 하는 열정이 빨리 리더십 포지션에 가고 싶다는 희망을 갖게 했다.

우리는 5년 안에 글로벌 SCM 팀장이 되는 것을 중기 커리어 목표로 정의하고, 이를 위해 필요한 역량 대비 현재 부족하거나 강화해야 하는 영역을 함께 정의했다. 이때 다음과 같은 질문을 던지면서 역량 개발 계획 논의를 진전시킨다.

◇ 어떤 일을 해야 하는가?

◇ 팀장이 도울 수 있는 부분은 어떤 것이 있는가?

◇ 누구에게 배울 수 있는가?

◇ 어떤 교육을 들어야 하는가?

◇ 무슨 책을 읽어야 하는가?

먼저 이 과장은 전문성이 뛰어났지만 지금까지 항상 혼자 일해 왔고 누군가를 리드한 경험이 없었다. 그래서 리더십 역량을 기르는 것이 급선무였다.

두 번째로는 데이터 관리 역량이 필요했다. 엑셀로 하는 수준의 데이터 관리는 가능했지만, 코딩과 프로그램을 사용하는 자동화 단계에 대한 지식이 부족했다. SCM의 미래는 데이터에 달렸기 때문에 신속하게 갖추어야 하는 역량이었다.

마지막으로 지금까지 바로 현업에 투입되어 많은 필드 경험을 통해 나름대로 실력을 갖추어 왔지만 한 번도 전문 분야인 SCM에 대한 이론적인 부분을 체계적으로 공부한 적이 없었다. 공인

된 자격증 공부를 통해 현업 경험을 이론적으로 정리하면 전문성을 한 단계 업그레이드할 수 있을 것이라 생각했다. 이런 논의를 통해 오른쪽과 같은 상세 계획을 수립했다.

이와 같이 가능하면 상세하고 측정 가능한 계획을 수립한 후, 한 달에 한 번 성장을 위한 대화를 통해 진행 상황을 확인한다. 이 과장은 이 계획 중에 많은 부분을 실천했으며, 목표를 위해 한 발 한 발 다가가는 중이다.

매일 눈앞의 일을 처리하다 보면 나의 근원적인 경쟁력을 높이는 활동은 소홀히 할 수밖에 없다. 항상 시급한 업무를 처리하는 게 우선시되기 때문이다. 그렇기에 커리어에 대한 계획을 바탕으로 나의 역량을 향상시키기 위한 계획은 일부러, 별도의 프로세스를 통해 강제하는 시스템이 필요하다.

계획한 모든 것을 완벽하게 수행하지 않아도 괜찮다. 중요한 것은 방향이며, 이런 활동에 에너지를 쓴다는 사실이다. 이를 실행할 수 있도록 꾸준히 옆에서 자극하고 상기시키고 용기를 북돋아주는 것이 바로 팀장의 역할이다.

[이 과장의 성장 계획]

역량 니즈	이유	1년 후 기대 수준	액션 플랜	담당	기한	진행 상황
리더십	중간 관리자로서 리더십에 대한 준비 부족 절감	팀원 대상 리더십 서베이에서 평균 4.5 (5점 만점) 이상의 평가	팀장과 주간 면담 진행	팀장	~3월	
			사내 코칭 교육 수강	P과장	~6월	
			팀원들과 월간 성장을 위한 대화 진행	P과장	매달	
데이터 사이언스	단기 경력 목표인 SCM 전문가로 성장하기 위한 핵심 역량	데이터 사이언스 관련 사내 강의를 할 수 있을 정도의 수준	데이터 사이언스 관련 사외 교육 수강	P과장	~3월	
			데이터 사이언스 관련 사외 교육 수강	P과장	~6월	
			데이터 역량 활용 가능한 업무 부여	팀장	~9월	
SCM 전문성	경험 중심의 전문성을 체계화하여 전문성 업데이트	국제 공인 자격증 취득	자격증 시험 신청	P과장	~3월	
			자격증 취득	P과장	~6월	

한 달에 한 번,
오직 성장에 대해 대화하는 시간

우리가 비싼 돈을 주고 퍼스널 트레이닝(Personal Training)을 받는 이유는 돈과 시간을 들여야 우선순위가 밀리는 운동이라는 행위를 스스로 강제할 수 있기 때문이다. 성장을 위한 대화는 '닥친 일 처리하기'라는 시급성에 밀려 소홀하기 쉬운 '역량 근육 개발'이라는 중요한 행위를 지속적으로 가져가기 위한 형식이다.

지금까지 성장의 중요성, 코치로서의 마음가짐, 피드백, 커리어 로드맵 논의 그리고 역량 개발 계획 수립에 대해 이야기했다. '성장의 대화'는 한 달에 한 번, 이 모든 것에 대해 논의하는 시간이라고 보면 된다. 커리어에 대해 이야기하는 것은 '당신의 미래에 대해서 관심이 많다'고 제스처하는 일이다. 주기적으로 이야기하도록 습관을 들이자.

	경력 개발 논의	역량 개발 논의	피드백
목적	• 단기·중기 커리어를 위한 필요 역량을 파악해 역량 개발의 초석 마련	• 수립한 행동 계획을 매달 점검하고 일에 목표 의식을 갖도록 점검	• 제3자의 눈으로 관찰한 개선점을 전달하고 업무 역량 개선을 위한 단초 제공
주기	3개월 혹은 6개월에 한 번	한 달에 한 번	한 달에 한 번
내용	지난 3~6개월의 경험으로 변화된 생각 나누기	• 관련 활동 진행 사항 점검 • 팀장 지원이 필요한 사항 점검	• 팩트에 기반한 피드백 • 개선 방향에 대한 제안
주의 사항	• 승진, 다른 팀 이동 등 내 권한을 넘는 '보장'은 하지 않도록 주의	• 추상적인 작심삼일 슬로건이 되지 않도록 구체적 계획 수립	• 본인 역량 개선을 위해 하는 활동이라는 것 강조 • 팩트 기반으로 신중하게 생각한 후 피드백

경력 개발 논의

성장의 대화의 첫 번째 목적은 경력 개발 논의다. 경력 개발 논의는 3개월에 한 번이면 충분하다. 중장기에 대한 이야기이기 때문에 내용이 자주 바뀌지 않기 때문이다. 그래도 3개월에서 6개월에 한 번은 다시 이야기하는 것이 좋다. 현재 하고 있는 경험에 의해 생각이 바뀌거나 발전되는 경우도 많다.

초기에 커리어 로드맵 이야기를 할 때만 이전에 소개한 내용에 따라 밀도 있게 진행하고, 그 이후 주기적인 성장을 위한 대화에서는 가볍게 이야기하면 된다. '이전 생각과 달라진 점이 있는가?', '지금 하는 일이 커리어 방향에 맞게 가는 것 같은가?' 등의 질문을 하고, 주로 듣는다. 이런 대화를 통해 다시 한번 팀원 자신이 지금 하는 일을 인생 커리어를 위해 도움이 되는 방향으로 미세 정렬하도록 돕는다.

여기서 주의할 점은 승진이나 타 팀 이동 등 팀장이 직접 컨트롤할 수 없는 것에 대해 보장하지 않는 것이다. 이런 것은 회사 상황에 따라 얼마든지 바뀔 수 있기 때문에 오너가 아닌 이상 하지 않는 것이 좋다. 이런 실망이 신뢰의 균열에 미치는 영향은 생각보다 크다.

역량 개발 계획 점검

성장의 대화의 두 번째 목적은 역량 개발 계획 점검이다. 이전에 소개한 내용을 바탕으로 구체적으로 세운 역량 계발 활동 계획의 실행 여부를 점검한다. 이 과정을 진행하다 보면 놀랍게도, 이렇게까지 실행이 안 될까 하는 생각이 들 것이다.

그만큼 바쁜 일상에서 역량 개발을 위해 노력하는 게 정말 힘든 것이라는 점을 깨닫게 될 것이다. 이 과정의 핵심 목적 중 하나는 리마인드다. '아, 이런 과제가 있었지', '잊지 말고 해야지'라는 생각만 해도 성공이다. 이 과정을 주기적으로 지속하면 이 중한두 개는 실천한다. 그럴 때는 그 부분을 구체적으로 인정해줌으로써 계속해서 실천력을 높일 수 있도록 격려한다.

피드백

성장의 대화의 세 번째 목적은 피드백이다. 피드백의 목적은 객관적인 거울을 통해 개선할 영역과 방향을 돌아보는 것이다. 주의할 점은 적어도 초반에 10번 정도는 "피드백이란 당신의 성장을 위해 하는 일이며 내가 완벽해서 주는 평가나 비난이 절대 아니다"라는 점을 강조하는 것이다.

또 잘 알려진 것처럼 긍정적인 피드백을 하는 것도 매우 중요하다. 다만 긍정적인 피드백을 제공할 때는 영혼 없고 두루뭉술한 칭찬보다 구체적인 사례를 들거나 지난번에 제공한 피드백의 개선점 등을 이야기하는 것이 좋다. 예를 들어 "박 과장은 일을 참

잘해"라는 피드백보다는 "박 과장은 일할 때 쉽게 놓칠 수 있는 부분까지 매우 꼼꼼하게 점검해주는 편이라 마음 놓고 믿고 맡길 수 있어. 지난번 2공장 예산 점검할 때도 박 과장이 설비, 생산, 총무 세 팀 팀장님들과 가능한 모든 지점을 검토해줘서 양질의 예산 수립이 가능했던 것 같아. 고마워"라고 이야기하는 식이다.

마지막으로 다음과 같은 질문으로 성장의 대화를 마무리한다.

◇ 혹시 몸이 안 좋은 곳은 없는가? 힘들지는 않은가?

◇ 일하면서 불편한 점은 없는가?

◇ 사이가 안 좋은 팀원이나 타 팀은 없는가?

◇ 개인적으로 내가 알고 있어야 할 힘든 일은 없는가?

◇ 회사에서 성장하고 있다고 느끼고 있는가?

이런 과정을 통해 의미 있는 대화로 꽉 찬 성장의 대화를 마무리할 수 있다. 성장의 대화는 적어도 6개월 계획을 미리 일정에 잡는 것이 좋다. 중요한 일은 반드시 미리 확보하고 지켜야 한다.

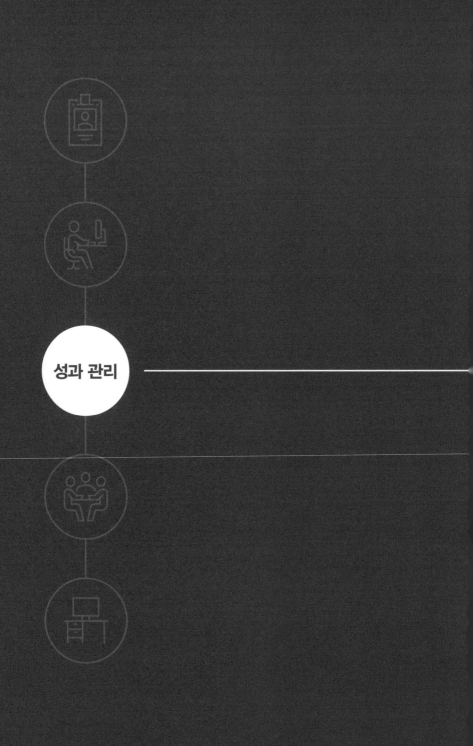

성과 관리

4장

팀원의 성과를 끌어올려야
팀의 성과가 오른다

내 성과는 내겠는데
팀 성과는 어떻게 내는 거죠?

지금까지 팀원의 성장과 동기 부여에 대해 이야기했다. 팀장은 성과보다 사람을 우선순위에 둬야 한다고 했다. 그러나 성과도 중요하다. 팀이 성과를 내지 않으면 기업은 사람의 성장을 기다려주지 않는다. 어떤 기업도 성과와 결과의 압박에서 자유로울 수 없기 때문이다. 반면 단기적으로 성과만 강조하면 중장기적으로 일정 수준을 뛰어넘는 위대한 결과는 얻을 수 없다. 이를 위해 반드시 성장이 동반되어야 한다. 결국 둘 다 중요하다.

팀장은 팀으로 성과를 내는 사람이다. 모든 일은 팀을 중심으로 돌아간다. 영업, 마케팅, 개발, 디자인, 전략, 재무, 인사…. 팀은 일정한 단위의 미션을 성취하기 위해 움직이는 조직이다. 왜 개개인이 아닌 팀으로 일을 하는 것일까? 이런 미션은 개인이 혼자서는 할 수 없는 정도의 양이며, 팀이라는 단위로 협업을 했을 때 시너지가 존재하기 때문이다. 그래서 팀장은 개인이 아닌 팀으로 미션을 성취하는 리더다.

팀장은 보통 실무에서 눈에 띄는 성과를 내던 인재들이 발탁된다. 혼자서 일 잘하는 방법과 팀으로 해내는 것에는 큰 차이가 있다. 일반적으로 초보 팀장들은 팀장이 된 후에 뛰어난 실무자로서 성공했던 방식대로 일해 나간다. 무엇이든 생산적으로 열심히 하면 안 되는 것이 없다는 임전무퇴의 자세로 업무에 돌입한다. 스스로 중요한 일을 맡고, 다른 팀원들에게 덜 중요한 일을 맡긴다. 그런데 생각만큼 성과가 나오지 않는다. 노력이 부족한 결과라고 판단하고 더 열심히 한다. 팀원들을 못 믿겠으니 내가 더 많은 일을 가져온다. 일단 지금 하는 일에서 성과를 내야 하니 팀원들을 봐줄 여유는 없다. 팀원들은 열심히 하고 싶어도 할 일이 없다. 이상하게 성과가 더 안 나온다. 나만 고생하는 것 같고 열심히 안 하는 팀원들에게 짜증이 난다. 그러다 다시 마음잡고 더 열심히 한다, 똑같은 방법으로.

팀으로 성과를 내는 것은 의지의 영역을 넘어 기술의 영역이다. 보통 실무 때는 경험하지 못한 영역이기 때문에 이 기술을 잘 갈고 닦아야 하고, 매뉴얼이 존재하여 생각 없이 따라갈 수 있는 기술이 아니라 본인의 성향과 업무의 종류, 팀원의 성격에 따라 다르게 적용해야 하는 아트에 가까운 기술이기도 하다.

성과를 내기 위한 체계적인 업무 관리 프로세스

우리는 보통 업무를 '지시'한다고 한다. 지시한 후에 결과만 점검하면 된다고 생각하는 경우가 많다. 그러나 팀장은 업무를 설계하는 과정, 부여하는 과정, 관리하는 과정 그리고 결과를 지혜로 전환하는 과정까지 하나의 종합적인 프로세스로 인식하고 진행해야 한다.

성과를 내기 위한 체계적인 업무 관리 프로세스란 ①업무를 사전에 기획하여 최적의 인원에게 ②부여하고 ③일의 수행 과정을 지원하고 관리하며 ④일이 완료된 이후에는 지속적인 개선을 위한 교훈 도출을 하는 일련의 과정이다.

간단한 업무는 이러한 긴 과정을 거치지 않아도 좋다. 여기서 이야기하는 업무란 적어도 2주 이상 시간을 써야 하는 정규 업무 및 프로젝트성 업무에 대한 내용이다.

피드백, 코칭, 교육 모두 중요하지만 팀원들의 역량은 일을 통해서 직접 부딪히고, 좌절하고, 해결하고, 실행하는 과정에서 가장 많이 강화된다. 그래서 팀장은 팀원이 일을 통해 얻은 성공과

[체계적인 업무 관리 프로세스]

업무 사전 디자인	업무 부여	업무 지원 및 관리	지속적인 개선을 위한 교훈 도출
• 팀장의 시간, 업무를 부여하기 전에 스스로 준비 • 업무 목적, 결과물 모습, 일정, 접근법 구상 • 누구에게 맡기는 게 가장 적합할지 판단	• 사전에 업무 디자인 후 실제 업무를 부여 • 동기 부여를 극대화하는 중요한 과정 • 본인의 선호가 반영되도록 배려하는 게 핵심 • 일하는 의미를 만들어주는 것이 목적	• 지원: 동기와 역량 수준에 따른 권한 이행 • 빠르고 일관된 의사 결정 • 어려움 해결 및 지원 • 일대일 성과의 대화 • 정기 회의를 통한 관리	• AAR(After Action Review) 및 피드백을 통해 향후 업무 개선을 위한 교훈 도출 및 기록

실패의 경험을 지식과 지혜로 온전히 전환할 수 있도록 과정을 잘 설계하고, 세심하게 관리해야 한다.

이 과정을 소홀히 하면 고생은 고생대로 하고, 역량은 정체되고, 다음 일의 성과도 떨어지는 악순환에 빠진다. 지금 당장 일을 잘하지 못해도 배움을 통해 성장해서 다음 업무를 성공하게 하고, 여기서 얻은 자신감을 바탕으로 조금 더 난이도 있는 업무를 수행하게 하여 성과와 역량이 지속적으로 개선되는 선순환의 고리를 만들어야 한다.

같은 일을 같은 사람에게 맡겨도 어떻게 관리하느냐에 따라 결과는 크게 달라진다. 이제부터 프로세스에 대해서 구체적으로 논의해보자. 정답은 없다. 다만 단계를 잘게 쪼개어 생각해보고, 그 단계마다 중요하게 여겨야 할 것을 논의하는 과정이 자신의 최선을 찾는 데 도움이 될 것이다.

생산성은 높이고
에너지는 아끼는 사전 업무 기획

전반적인 일의 생산성을 높이고 이후에 투입되는 나의 에너지를 줄이려면, 사전 업무 기획에 많은 노력을 기울여야 한다. 사전에 설계를 체계적으로 잘하면 실행이 수월해진다. 생각나는 대로 바로바로 일을 주지 말고, 다음의 체크리스트를 점검하여 충분히 준비한 후 팀원들에게 업무를 부여하자.

WHY

업무를 부여하기 전에 '이 일이 왜 필요한가?'를 미리 생각하고 팀원에게 이해시켜야 한다. 동기 부여는 'WHY'에서 시작된다.

내가 이 일을 왜 하는지 알고, 이 일이 회사의 발전에 어떻게 도움이 되는지를 알아야, 즉 일의 의미를 알아야 일에 대한 의지도 단단해진다. 기획 단계에서 팀장 스스로 이 일을 왜 해야 하는지에 대한 논리가 명확히 서야 한다.

또 WHY가 명확해야 업무 방향을 설정할 수 있다. 이 일은 매출을 증대하기 위함인지, 신사업을 발굴하기 위함인지 아니면 수익을 극대화하기 위함인지에 따라 업무 방향과 세부 내용이 크게 달라지기 때문이다. 그래서 WHY는 모든 업무의 시작이다. 다음은 WHY를 파악하기 위한 핵심 질문이다.

◇ 이 일이 회사의 중장기적·단기적 목표와 어떻게 연결되는가?

◇ 이 일을 통하여 기대하는 효과는 무엇인가?

◇ 효과를 고려했을 때 회사에 반드시 필요한 일인가?

◇ 반드시 지금 해야 하는 일인가?

피해야 할 팀장의 말: "까라면 그냥 까."

WHAT

업무가 완료됐을 때의 결과물을 가능한 구체적으로 그려본다.

세부 사항은 팀원들이 채워야겠지만, 팀장이 기대하는 바를 팀원들이 알아야 서로 원하는 방향으로 일을 진행할 수 있다. 팀장이 원하는 것이 기획까지인지 아니면 실행까지인지 혹은 워드에 간단히 정리해서 아이디어를 가지고 오라는 것인지, 바로 활용할 수 있는 기획 보고서를 만들어 오라는 것인지, 국내 사업에 대한 것인지 아니면 해외 사업까지 모두 포함해야 하는 것인지, 원인을 파악하라는 것인지 아니면 해결책까지 제안하라는 것인지 등 범위에 대한 충분한 정의가 필요하다.

결과물의 형태가 명확하지 않으면 "누가 이것까지 하라고 했어?" 혹은 "왜 그건 빠졌어?" 등 뒤늦게 질책하는 경우가 많다.

결과물이 포함해야 하는 범위, 깊이, 방향에 대해서 오해의 여지가 없는 합의가 필요한 이유다. 다음은 WHAT을 파악하기 위한 핵심 질문이다.

◇ 이 일이 마무리될 때 어떤 내용이 포함돼 있어야 하는가?
◇ 원하는 디테일의 수준은 어떤가?

피해야 할 팀장의 말: "일단 해와 봐."

WHEN

"이 업무를 언제까지 해야 하나요?"라는 질문에 팀장들이 자주 하는 말이 있다. "최대한 빨리."

팀원들은 놀고 있지 않다. 내가 주는 일 이외에도 평소에 해야 하는 일들이 있다. 매번 "최대한 빨리"를 외치면 팀원들은 업무 계획을 짤 수 없고, 다른 중요한 일을 해야 할 시간을 빼앗길 수도 있다. 팀원들이 기존 업무에 더해 합리적인 계획을 수립할 수 있도록 업무 완료 시점을 명확히 하자. 이때 필요한 질문은 다음과 같다.

◇ 반드시 지켜야 하는 마감일이 언제인가?

◇ 왜 그때까지 끝내야 하는가? 다른 일 대비 우선순위는 어떻게 되는가?

◇ 전체적인 그림에서 이 일이 앞뒤로 어떻게 연결되는가?

◇ 중간보고와 최종 보고는 언제 받을 것인가?

피해야 할 팀장의 말 : "최대한 빨리."

HOW

업무 숙련도나 역량에 따라 어떻게 해야 하는지에 대한 가이드 수준은 달라질 수 있다. 그러나 팀장 입장에서는 최대한 구체적인 그림을 가지고 있어야 한다. 구체적인 그림을 가지고 역량이 높은 직원에게는 최소한의 수준만, 역량이 부족한 구성원에게는 구체적인 가이드를 줘야 한다. 업무를 어떻게 진행해야 하는가에 대한 아이디어가 명확히 서야 팀원이 중간에 막혔을 때 조언할 수 있다(팀원의 업무 숙련도에 따라 실제 업무를 부여할 때 전달해야 하는 내용의 디테일에는 차이가 있을 수 있다). 이때 필요한 질문은 다음과 같다.

◇ 내가 이 일을 직접 진행한다면 어떤 순서로 진행할 것인가?
◇ 이 일을 진행하는 데 협력해야 할 부서와 사람은 누구인가?

피해야 할 팀장의 말: "알아서 해봐."

WHO

누구에게 일을 줄 것인가? 이때 중요한 것은 팀원이 하고 싶은 일을 주는 것이다. 어떻게 회사에서 하고 싶은 일만 하냐고 물을 수도 있다. 관건은 하고 싶지 않은 일도 하고 싶게 만드는 것이고, 이것이 팀장의 일이다. 이를 위해 필요한 것이 팀원의 커리어 로드맵과 역량 개발 니즈를 정확하게 파악하는 것이다. 이를 파악하면 꽤 많은 일을 이에 연결할 수 있다. 지금 당장은 하고 싶은 일이 아닌 것처럼 보이는 업무도 팀원들이 원하는 커리어의 방향과 성장을 위해 필요한 일일 경우가 있다. 만약 업무가 그러한 방향으로 기획되어 있지 않았다면 이런 부분이 강조되도록 업무 디자인을 다시 한다. 이렇게까지 했는데도 해당 팀원이 하고 싶어 하지 않는 일이라면 가능한 시키지 않는 것이 좋다. 해도 성과가 나지 않을 가능성이 높기 때문에 다른 팀원에게 맡기거나 직접 하는 것이 낫다. 회사 입장에서도 같은 돈을 주고 팀원의 업무 생산성을 최대한 끌어내는 것이 투자 대비 이익률을 높이는 길이다. 이런 접근으로 봤을 때 팀원들이 최대로 동기 부여가 된 상태에서 일할 수 있는 환경을 만들어 주는 것, 이런 방향으로 업무를 부여하는 것이 바로 팀장의 의무다. 이때 필요한 질문은 다음과 같다.

◇ 관심 기반: 누가 가장 하고 싶어 하는 일인가?

◇ 커리어 로드맵 기반: 누구의 성장에 가장 도움이 되는 일인가?

◇ 강점 기반: 누가 가장 잘할 수 있는 일인가?

◇ 업무 강도: 누가 시간의 여유가 있는가?

피해야 할 팀장의 행동: 눈에 보이는 사람이나 편한 사람에게만 일을 주는 것

업무는 '지시'하지 말고 '부여'하라

업무를 신중하게 설계했으면 이제 팀원들과 공유한다. 일반적으로 팀장은 팀원에게 한 방향의 업무 '지시'를 하게 되는데, 여기서는 지시보다 '부여'라는 표현을 사용한다. 팀장이 사전 기획한 내용을 논의하고 설득하는 과정이다.

왜 이 일이 필요하고, 왜 그 사람밖에 할 수 없는 일인지 설명하여 동기 부여와 책임감을 이끌어 내고, 무엇을 어떻게 언제까지 해야 하는지에 대한 초기 논의를 통해 일의 생산성 및 성공 가능성을 높이는 목적이다.

반드시 일대일 미팅을 통해 소통한다. 사람이 많은 회의에서는 서로 솔직하게 대화하기 어렵다. 우선 팀장이 생각한 WHY·

WHO · WHAT · HOW · WHEN을 공유하고 팀원의 솔직한 의
견을 듣는다. 논의한 내용은 향후 업무 추진할 때 돌아볼 수 있도
록 가능하면 기록으로 남기는 것이 좋다. 아래는 업무 부여할 때
참고할 만한 템플릿이다.

[업무 부여 템플릿의 예]

이유·배경					
목표					
리더		지원 팀원		주요 협업 부서·인원	
기대 결과물					
업무 기간			주요 마일스톤		
업무를 위한 성장 포인트					

　　팀원이 부여한 업무를 하고 싶어 하지 않을 수도 있다. 일반적
인 이유는 다음과 같다.

◇ 지난번의 업무가 너무 힘들어서 이번에는 조금 편안한 업무를 하고 싶다.

◇ 조금 더 공격적이고 배울 수 있는 업무를 하고 싶다.

◇ 조금 더 다양한 업무를 하고 싶다.

◇ (커리어 로드맵 상) 특정 업무 영역에 관심이 있다.

◇ 배울 수 있는 사람과 함께 일하고 싶다.

◇ 어떤 팀원과 일하고 싶지 않거나 어떤 팀원과 반드시 한번 일해보고 싶다.

팀원에게 일을 맡기기 전에 팀장이 위의 이유들을 먼저 고려해 보자. 번아웃이 온 상태라면 업무 시작 시점을 조정하여 우선 휴식을 취한 후 업무에 돌입할 수 있게 해준다. 더 공격적인 업무를 하고 싶어 한다면 맡기는 일의 목표를 더 높게 잡거나 범위를 확장한다. 다양한 업무를 하고 싶다거나 다른 특정한 영역에 관심이 있다면 업무를 조정해주는 것이 좋다. 함께 일하는 사람에게 문제가 있다면 팀 구성을 조정해본다. 피할 수 없는 경우라면 사정을 설명하고 설득한다.

일대일로 업무를 부여하는 상황이 아닌 연간, 반기, 분기 등 팀 전체의 업무를 배분하는 경우에는 다음의 과정을 거친다.

①팀 회의를 통한 업무 논의('누가' 할지는 제외)

②일대일 미팅을 통한 선호도 파악

③팀장이 전체 그림을 보며 최종 판단

④일대일 미팅을 통한 업무 부여

⑤팀 전체 공지

총 두 번의 팀 회의를 진행한다. 첫 번째 회의는 정기 업무 리스트를 논의하는 자리다. 팀의 미션을 다시 돌아본 후에 "올해 우리 팀의 주요 업무는?"이라는 질문을 던진다. 편하게 리스트업을 한 후 우선순위에 대해서 논의한다. 중요도나 시급성 등의 기준을 가지면 우선순위를 논의하기 좋다. 가능하면 팀원들의 의견을 먼저 묻는 것이 좋다. 의견이 별로 없을 때는 지목해서 질문을 던지는 것도 방법이다. 그래도 논의가 잘 진행되지 않는다면 팀장이 미리 생각한 것을 조금씩 공개하면서 참여를 이끌어 낸다.

이때 주의할 것은 '누가' 그 일을 할지에 대해서는 아직 결정하지 말아야 한다는 것이다. 팀 회의에서는 다른 사람의 눈치를 볼 수밖에 없기 때문에 내가 하고 싶은 일과 하기 싫은 일에 대해서 솔직하게 이야기하기 어렵다. 이는 일대일 미팅을 통해 진행하자.

연간 주요 업무를 확정했으면 선호도 파악을 위한 일대일 미팅을 진행한다. 가능하면 선호 업무의 우선순위를 받는 것이 좋다. 어떤 일을 왜 하고 싶은지, 왜 피하고 싶은지를 파악하면 팀장이 의사 결정할 때 큰 도움이 된다. 이때 그 팀원의 커리어에 대한 목표 및 역량 개선 포인트를 사전에 파악해야 한다.

이렇게 팀원들의 선호도를 파악한 후에는 팀 전체의 큰 그림을 보며 팀장이 최종 의사 결정을 한다. 혼자 결정하기 힘들면 팀 내에 마음을 터놓고 이야기할 수 있는 2인자와 논의하는 것도 방법이다. 각 인원의 역량, 성향, 선호도, 현재 맡은 업무, 업무 강도 등을 종합적으로 고려하여 판단한다. 결국 의사 결정은 팀장의 몫이다. 고민되는 부분이 있으면 상사와 논의하는 것도 좋다.

의사 결정을 했으면 일대일 미팅을 통해 업무를 부여한다. 위에서 이야기했듯 WHY · WHAT · HOW · WHEN에 대해서 논의하는 것을 잊지 말아야 한다. 이 일을 그 사람이 꼭 해줘야 하는 이유에 대해서도 잘 소통하여 동기와 오너십을 끌어 올린다.

마지막으로 팀 전체 회의를 통해 누가 무슨 일을 하게 될지 공지한다. 일반적으로 이 과정은 많이 생략된다. 생각보다 같은 팀이어도 다른 팀원이 무슨 일을 하고 있는지 모르는 경우가 많다. 생산성 도모를 위해 일을 나눠서 하고 있을 뿐이지 팀의 목표는 항상 하나여야 한다. 서로의 일에 관심을 가지고 그 사람이 그 일을 잘할 수 있도록 지원해야 한다. 시너지를 내기 위해서다. 초기에 R&R(Role and Responsibilities, 역할과 책임) 공지 후에도 팀 회의 혹은 메일, 공유 파일 등을 통해 진척 상황에 대해 서로 알 수 있도록 지속적이고 적극적으로 공유한다.

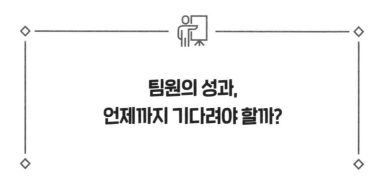

팀원의 성과,
언제까지 기다려야 할까?

팀원들의 업무 진행을 잘 관리하는 사람이라는 뜻으로 보통 팀장을 '관리자'라고 부른다. 나는 '관리'라는 단어보다는 '지원'이라는 단어를 쓰고 싶다. 팀원이 일을 잘할 수 있는 환경을 만들어주고 가끔 정말 필요할 때 나서서 직접 지원해주는 지원군.

팀장에도 몇 가지 유형이 있다. 먼저 '자유방임형 팀장'은 팀원에게 일을 부여한 후 나 몰라라 한다. 심지어 일을 준 것도 잊을 때가 있다. 팀원이 알아서 해오기를 기대하지만, 중간에 진행 상황을 체크하지도, 어떤 어려움이 있는지도 물어보지 않는다. 팀원들도 팀장이 굳이 두 번 이야기할 때까지는 주어진 업무를 성실하게 진행하지 않는다. 혹은 해도 최소한의 노력만 들여서 하는 시늉만 한다.

'잔소리형 팀장'은 팀원에게 업무를 부여한 후 사사건건 잔소리를 한다. 이런 팀장들은 스스로 모든 것을 컨트롤하고 싶어 한다. 완벽주의를 추구하고 디테일에 강한 유형일 가능성이 높다. 보고서의 폰트 크기까지도 팀장이 선호하는 대로 진행해야 한다. 매일 아침 업무 진척도를 체크하기도 하는데, 더 안 좋은 것은 비정기적으로 하루에도 몇 번씩 업무 진척도에 대해 묻는 것이다. 매우 작은 단위의 의사 결정까지 팀장이 하면서 팀원은 모든 것을 팀장에게 기대게 된다. 어차피 내가 해봤자 팀장 마음대로 할 테니 도저히 자발적으로 열심히 일할 맛도 나지 않는다. 시켜서 하긴 하지만, 재미는 없다. 두 팀장 유형 전부 바람직하다고 볼 수 없다. 균형이 필요하다.

팀장은 팀원에게 부여한 업무의 세세한 부분까지 직접 개입해서는 안 된다. 그렇다고 '잘 알아서 하겠지' 하고 나 몰라라 해서도 안 된다. 팀원이 일하면서 팀장에 대해 다음과 같이 느낀다면 이상적이다.

◇ 일할 때 최대한의 자유와 책임을 보장받고 있다. 팀장님은 세세한 것 하나까지 관리하려 하지 않고, 나를 믿고 있다고 느낀다.

◇ 정기적으로 업무 진척도를 점검하니 업무 계획이나 미리 합의한 주요 일

정을 맞춰야 한다는 건강한 긴장은 존재한다. 주요 일정에서 크게 벗어나면 팀장님의 문제 제기가 있을 것이기 때문에 이에 대한 방어 논리를 잘 준비해야 한다.

◇ 정기적인 점검 미팅 때 고민을 이야기하면 함께 문제 해결을 위해 토론하고, 이런 시간은 충분히 마련된다.

◇ 원하는 대로 잘 움직이지 않는 사람이 있으면 팀장님이 나서서 이야기해주고, 내 직급에서 해결하기 어려운 문제도 과감히 나서준다. 시간과 사람이 부족하다는 고민을 전하면, 어떻게든 보강해준다.

◇ 업무 진행에 필요한 의사 결정이 빠르다.

◇ 일이 잘못되면 책임을 져주기 때문에 결과가 무서워서 소극적으로 일하게 되지 않는다.

이런 팀장이 되기 위해 필요한 첫 번째 역량은 무엇일까? 단연코 임파워먼트(Empowerment)다. 번역하면 '권한 위임'으로 해석할 수 있는데, 원어는 더 넓고 복합적인 의미가 담겨 있기에 단어 그대로 사용하기로 한다.

임파워먼트란 '팀원의 역량과 의지에 대한 강한 믿음을 바탕으로 팀원 스스로가 최대한의 자유도와 권한을 가지고 일할 수 있는 환경을 조성하는 것'이라고 정의할 수 있다. 이는 인간의 본성인 자유에 최대한 순응하면서, 단기보다 중장기 역량 및 성과 향상을 도모하는 방법론이다.

일반적으로 많이 사용하는 푸시(Push), 즉 리더가 생각하는 방향을 지시하고 강압적으로 밀어붙이는 방법이 단기적으로는 빠른 결과를 가져올 수 있다. 그래서 누구나 쉽게 푸시하고 싶은 유혹에 빠진다. 팀장이라면 누구나 단기 성과에 대한 압박에 시달리기 때문이다.

문제는 푸시했으나 성과가 나오지 않을 때다. 이때는 다음과 같은 악순환이 반복된다. 결국 팀장이 써야 하는 에너지는 지속적으로 증가한다.

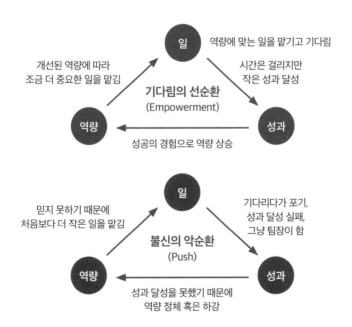

중장기적 관점에서 보면 임파워먼트가 푸시보다 훨씬 효과적인 방법이다. 결과를 낼 뿐 아니라 믿을 수 있는 팀원으로 성장시킨다는 측면에서 더욱 그렇다. 팀에 믿을 수 있는 팀원이 많아질수록 팀 전체의 성과 창출 역량은 커진다. 다양한 분야에서 팀원 각각의 역량이 팀장이 가진 것 이상으로 확대되기에 갈수록 팀장이 투입해야 하는 에너지가 줄어든다.

임파워먼트 방법론을 사용할 때는 초반의 기다림 구간에서 푸시의 유혹에 빠지지 않고 잘 견디는 것이 중요하다. 이 구간을 참지 못하고 팀장 본인이 직접 일을 해버리게 되면 불신의 악순환이 일어난다.

[임파워먼트와 성과의 관계]

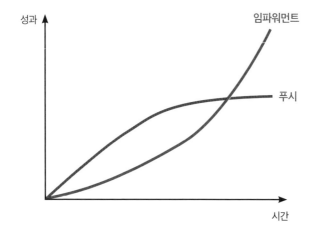

네모난 바퀴는 굴러가지 않는다

임파워먼트가 중요하다는 것을 모르는 리더는 거의 없다. 다만 단기 성과의 압박이 있는 상태에서 팀장이 직접 일하면 더 빠르거나 디테일에 대해서 이야기하면 더 쉬운데 이 유혹을 참는 것이 어려운 일이다. 그래서 임파워먼트에 대해서 이야기할 때 가장 많이 받는 질문이 바로 "도대체 언제까지 기다려야 하죠?"다.

그럴 때 나는 이런 이야기를 한다. "아무리 수레를 열심히 굴려도 바퀴가 네모난 모양이면 그 팀의 성과는 절대로 나지 않는다. 바퀴를 바꿔야 한다. 그러려면 시간이 걸린다. 일정 시간 동안 움직이지 못해도 수레바퀴를 바꾸는 것이 우선이다."

물론 시간과 노력을 충분히 들였는데도 전혀 나아지지 않는다면, 즉 기다림의 선순환 효과가 일어나지 않는다면 해당 팀원이 다른 팀에서 다른 일을 할 기회를 줘야 한다. 그게 곧 팀과 팀원을 위한 일이다. 하지만 이렇게 극단적인 상황이 오기 전까지는 기다림의 선순환을 만들기 위해 최선을 다해야 한다.

동기와 역량 수준에 따라
업무와 관여도를 결정하라

임파워먼트와 자유방임은 엄연히 다르다. 이 둘을 명확히 가르는 기준이 있는데, 하나는 '적정 업무를 부여했는가?'이고, 나머지 하나는 '적정 수준으로 개입하면서 관리하는가?'다.

임파워먼트 방식으로 업무를 관리하기 위해서는 우선 팀원을 동기 부여와 역량 수준에 따라 나누고, 그에 맞는 업무와 관여도 수준을 정해야 한다.

동기와 역량 수준에 따른 팀원 분류

동기와 역량에 따라 팀원을 네 유형으로 분류한다. 첫 번째 유형은 의지와 역량 모두 높은 고성과자(유형 1: 에이스), 두 번째 유형은 의지는 높으나 아직 역량이 부족한 높은 잠재력군(유형 2: 미래의 스타), 세 번째 유형은 역량은 뛰어나지만 의지가 약한 낮은 업무 의지군(유형 3: 재야의 고수), 마지막 유형은 의지와 역량 모두 낮은 저성과자(유형 4: 아픈 손가락)다. 이 네 가지 유형에 따라 무슨 일을 맡기고 얼마나 깊이 관여할지 제각기 달라진다.

[유형 1] 강한 동기 부여 + 높은 역량 = 에이스

에이스 팀원은 사실 큰 노력이 필요하지 않다. 도전적인 업무를 부여하는 게 무엇보다 중요하다. 이들에게는 도전적인 업무를 부여한 후 팀장이 얼마나 신뢰하는지 주기적으로 이야기한다. 너무 쉬운 업무는 이들을 자극하지 못한다. 중요하고, 의미 있고, 어려운 일을 맡겨야 한다. 일을 맡긴 후에는 최대한 자율성과 책임감을 보장한다. 업무를 관리할 때도 팀장이 먼저 개입하기보다 팀원이 도움을 요청할 때 하는 것이 좋다.

일을 하다가 에이스 팀원이 재야의 고수가 되려는 기미가 보인다면 적절한 자극이 필요하다. "당신이 에이스라고 생각해서 이 일을 맡겼는데 재야의 고수가 되려는 성향을 보인다. 어떻게 된 것이냐?"라는 취지의 자극이면 충분하다.

[유형 2] 강한 동기 부여 + 낮은 역량 = 미래의 스타

미래의 스타 팀원은 동기는 높지만 역량은 낮은 경우다. 개인적으로 재야의 고수보다 훨씬 선호하는 유형으로, 노력 대비 효과가 크기 때문에 팀장으로서 팀원의 성장에 가장 크게 기여할 수 있다.

이들에게는 어떤 업무를 맡길지 신중하게 결정해야 한다. 성공하기 어려운, 도전적인 과제를 주면 안 된다. 성공 확률이 높은 일부터 주면서 성공 경험과 역량 향상을 함께 도모해야 한다. 이때 역량을 향상시키기 위해서 팀장의 관여 수준을 높인다. 의욕은 있지만 역량이 부족한 유형은 세심한 가이드가 필요하다. 피드백도 가능하면 자주 하는 게 좋다. 만약 미래의 스타형 팀원이 너무 많아서 팀장 혼자 케어할 수 없는 상황이라면 전담 멘토를 지정하는 게 좋다. 해당 멘토에게 상황을 잘 설명해서 밀착 관리하는 역할을 부여한다.

[유형 3] 약한 동기 부여 + 높은 역량 = 재야의 고수

재야의 고수 팀원은 역량은 뛰어나지만 무슨 이유인지 동기 부여 수준이 약한 경우다. 재야에 머물면서 가진 능력을 다 쓰지 않는 고수와 비슷하다.

이런 팀원은 열 일 제치고 일단 동기를 올리는 데 집중한다. 핵심은 동기가 낮은 이유를 파악하는 것이다. 해당 팀원의 지난 커리어에 대해 그리고 가능하면 성장 과정까지 세세하게 대화를 나눈다. 마음을 잘 열지 않는다면 팀장의 이야기부터 터놓고 하는 것도 좋은 방법이다. 이때 미래에 어떤 일을 하고 싶은지에 대해서도 이야기하면 좋다. 모든 과정을 성급하면 진행해서는 안 된다. 신뢰가 쌓인 후 진행해야 한다. 이렇게 과거와 미래 커리어, 개인 생활까지 깊이 있게 이야기하다 보면 역량은 있는데 동기가 낮은 이유를 파악할 수 있다.

열심히 일했다가 번아웃 됐거나, 체력적인 문제이거나, 실패 경험으로 의욕이 꺾였다거나, 사람 문제이거나, 지금 하는 일이 본인의 기대치에 한참 못 미쳤기 때문이거나, 조직 말고 다른 일에 관심이 쏠려서일 수도 있다. 포인트는 숨은 이유를 잘 찾아서 해결해주는 것이다.

[유형 4] 약한 동기 부여 + 낮은 역량 = 아픈 손가락

솔직히 이야기하면 이런 유형은 애초에 채용하면 안 된다. 하지만 언제나 팀장이 원하는 유형의 인재만 데리고 일할 수는 없는 법. 새로운 팀을 맡았는데 이런 팀원이 있을 수도 있고, 가려서 채용했어도 뽑고 나니 이런 유형일 수 있다. 인터뷰로 모든 것을 판단하기는 어려운 일이다.

일단 기대치를 낮춰야 한다. 동기와 역량 모두 낮은데 크고 의미 있는 일을 할 수 있다고 기대하면 나도 힘들고, 팀원도 힘들다. 따라서 업무 난도가 낮아서 쉽게 달성할 수 있는 업무 위주로 편성한다. 아주 작은 성공 경험들을 하나씩 쌓아나가도록 업무를 잘 디자인해서 부여한다. 이 과정을 통해 역량이나 동기 중 무엇 하나라도 올라오는지 관찰한다. 하나라도 올라온다면 앞서 설명한 유형 2나 유형 3의 과정을 반복한다. 만약 6개월 이상 충분히 시간을 주었음에도 역량과 동기가 올라오지 않는다면 구조 조정이나 다른 팀으로의 전출을 심각하게 고려해야 한다. 그래야 팀과 해당 팀원에게 득이 되기 때문이다.

팀원의 성과를
200% 끌어올리는 의사 결정

팀장은 의사 결정을 하는 사람이다. 기업이 크게 투자하거나 전략 방향을 바꾸는 등 큰 규모의 의사 결정은 경영진의 승인을 받지만, 거기까지 가기 위한 과정이나 일상 업무를 할 때 발생하는 의사 결정은 모두 팀장의 몫이다. 그 수로 보면 팀장이 하는 의사 결정의 합이 경영진의 그것보다 많다. 이런 일상의 의사 결정이 하나둘씩 쌓여서 기업의 경쟁력이 된다. 따라서 팀장의 의사 결정 능력은 기업의 매우 중요한 기반 역량이다.

바람직한 의사 결정이란 무엇일까? 한마디로 말하면 '빠르고 과감하며 의사 결정의 기준이 명확하고 한 번 정한 것은 큰 변화가 없는 한 일관되게 유지하는 것'이라고 할 수 있다.

중장기 비즈니스 전략이나 투자에 대한 결정 등은 신중해야 한다. 그러나 일상의 의사 결정에서 중요한 것은 속도다. 팀장이 지체하면 팀원들은 앞으로 나아갈 수 없다. 팀원들이 가장 답답해하는 리더 유형 중 하나가 바로 우유부단한 리더다. 유능하고 적극적인 팀원일수록 이런 리더와 일하는 것을 힘들어한다.

빨리 가다 보면 당연히 틀릴 수 있다. 그러나 전체 그림으로 보면 일부 틀리는 결정으로 잃는 것보다 빠른 의사 결정으로 얻는 것이 더 크다. 또 대부분 틀린 결정은 빨리 조치를 취하면 수습할 수 있다.

의사 결정의 기준은 일관되어야 한다. 팀장이 기분에 따라 매번 다르게 결정하거나 한번 결정한 것을 손바닥 뒤집듯 바꾼다면 조직은 흔들릴 수밖에 없다. 어차피 바뀔 결정에는 힘이 실리지 않는다.

바람직한 의사 결정을 위한 방법

그럼 바람직한 의사 결정을 위한 근육은 어떻게 강화해야 할까?

첫째, 팀원을 믿어야 한다. 경험해본 사람은 안다. 팀원을 믿지 못하면 의사 결정을 빠르게 할 수 없다. 불안하기 때문에 팀장이 과정의 디테일을 전부 확인해야 한다. 그러다 보면 의사 결정의 속도가 떨어진다. 그뿐 아니라 팀원의 사기도 떨어진다.

팀장급에서 신중을 기해야 하는 핵심 업무도 분명 있다. 그러나 일상적인 의사 결정의 80% 정도는 팀원을 믿고 가는 것이 좋다. 그래야 팀원이 책임감을 가지고 경우에 따라 필요한 제안도 한다. 만약 실수하면 빠르게 피드백하여 교정하면 된다.

둘째, 일관된 의사 결정 기준을 확립한다. 팀장은 팀원들로부터 예측 가능한 의사 결정권자가 돼야 한다. 기준이 흔들리면 어느 장단에 맞추어야 할지 혼란이 생기고 이때 비효율이 발생한다.

일을 추진하는 데 우선순위에 대한 원칙도 명확하게 한다. 이 원칙을 팀원들과도 꾸준하게 공유하면서 그들이 원하는 방향과 일치하는지 주기적으로 점검한다. 그런 예는 다음과 같다.

◇ 사람의 성장이 사업의 성장에 우선한다.

◇ 사업의 장기적인 성장이 단기적인 성공에 우선한다.

◇ 아무리 사업에 도움이 돼도 도덕적으로 문제 있는 의사 결정은 절대 하지 않는다.

◇ 매출보다는 수익이 우선이다.

◇ (혹은 성장을 위해) 수익보다는 매출이 우선이다.

◇ 관습을 지키는 것보다 효율성을 위한 혁신이 더 중요하다.

◇ 나이나 연차보다 해당 업무 수행을 위한 경험과 역량이 더 중요하다.

◇ 역할은 고정적인 것이 아니라 변할 수 있다.

◇ 안정성보다 변화를 추구한다.

셋째, 팀장은 자신의 의사 결정에 책임을 지고, 리스크를 감수하는 용기를 가져야 한다. 대부분 의사 결정을 미루는 이유는 책임지고 싶지 않아서다. 스스로 인지하지 못할 경우가 더 많지만 근본적인 원인은 이런 마음에서 온다.

의사 결정은 본질적으로 리스크를 감수하는 행위다. 과거가 아닌 미래에 대한 결정이기 때문이다. 미래를 완벽하게 예측하는 것은 불가능하다. 따라서 완벽한 의사 결정이라는 것은 있을 수 없다. 그래서 팀장이 책임져야 한다. 팀장이 책임지지 않으면 조직은 한 발자국도 앞으로 나아가지 못하고 그 자리를 맴돌게 된다. 책임질 용기가 없는 팀장은 조직을 발전시킬 수 없다. 물론 때때로 이 용기는 실패라는 쓴 약으로 돌아오기도 하지만 결국에는 성과와 발전이라는 열매로 돌아온다. 용기를 내지 않으면 배움도, 발전도, 아무것도 없다.

팀장이 직접
해결해야 하는 문제도 있다

기본적으로 팀원에게 일을 맡기고 기다려 주는 것이 좋다고 했다. 하지만 팀원이 어려움에 빠졌거나 앞으로 나아가지 못하고 벽에 부딪혔을 때는 지원을 아끼지 말아야 한다. 이를 위해서는 팀원이 힘들 때 팀장에게 솔직하게 말할 수 있는 분위기가 필요하다. 다음과 같은 메시지를 지속적으로 전달하는 게 중요하다.

◇ 팀장에게 고충을 털어놓는 것은 자신의 나약함이나 역량의 부족함을 드러내는 행동이 아니다.
◇ 믿기 때문에 일을 맡기고 기다려 주지만 결국 성과에 대한 책임은 팀장이 질 것이다.

◇ 그렇기 때문에 어려울 때는 반드시 힘을 합쳐서 함께 해결해야 한다.

◇ 팀장을 위해 혼자 끙끙대며 문제를 해결하려고 하는 것은 결국 팀장에게도 도움이 안 된다.

일의 어려움을 이야기했을 때 덮어놓고 비난하는 것은 피해야 할 행동이다. 말하기 두려운 분위기가 조성되면 나쁜 소식을 전할 수 없다. 필요한 것은 비난 모드가 아닌 함께 해결하는 모드다. 경험 있는 팀장이 나의 어려움을 듣고 해결하는 데 도움을 준다면 팀원에게 팀장은 어려울 때 가장 먼저 찾는 든든한 존재가 된다. 설사 해결하지 못했다고 해도 함께 노력하는 모습만으로 팀원에게 큰 힘이 된다.

그렇다면 팀원의 문제를 해결하는 데 어떤 식으로 도움을 줄 수 있을까?

든든한 상담자 역할하기

팀원이 어떤 문제에 대한 답을 얻는 데 어려움에 겪는다면 논의의 상대가 돼준다. 이때 답을 찾는 것보다 답을 찾아가는 과정에서의 조언자 역할에 집중한다. 혼자 생각하다가 벽에 부딪힐 때 풍부한 경험이 있는 누군가와 깊은 논의를 하는 것은 한 걸음을 옮기는 데 큰 도움이 되기도 한다. 작은 주제라면 수시로 짧게 논의하고, 어려운 주제라면 시간을 길게 잡아 본격적으로 토론하는 시간을 가진다.

갈등 상황을 직접 해결해주기

업무를 진행하다 보면 다른 팀 사람들 혹은 협력업체와 갈등을 겪을 때가 있다. 팀원이 혼자 해결하기 힘든 경우에는 대신 나서서 해결해줄 필요가 있다. 팀장이라는 타이틀을 가지고 있어야 가능한 싸움이 있다. 필요하면 대신 싸워줘야 한다. 싸우지 않고도 인맥을 활용하거나 협상 카드를 잘 만들어서 해결을 도울 수도 있다. 해결하지 못한다고 해도 혼자 외롭게 싸운다는 기분을 느끼게 해서는 안 된다.

팀 내부에서 갈등이 있는 경우도 빈번하다. 일하는 스타일이 맞지 않거나 사소한 오해에서 비롯된 갈등이다. 직접 개입해서 양쪽의 입장을 듣는다. 해결이 가능해 보이는 문제라면 자리를 만들어서 오해를 풀고, 갈등을 봉합하려고 노력한다. 그러나 근본적으로 해결이 어려워 보이는 문제라면 업무를 재배치하여 갈등의 싹을 자른다.

경영진이나 임원을 활용하여 일 진행시키기

회사를 위해 반드시 필요한 일인데 협업 부서가 잘 움직이지 않는 경우도 생긴다. 이럴 때는 경영진이나 임원에게 직접 보고해서 일이 진행되게 만들어줘야 한다. 이 방법을 너무 자주 사용하면 조직 내에서 고립될 수도 있지만, 필요할 때는 활용한다. 평소 경영진이나 임원과 신뢰를 잘 쌓는 것이 중요하다.

사람 연결하기

팀원의 네트워크는 팀장의 그것보다 좁거나 다를 수 있다. 회사 내외부의 사람을 연결해주어 일의 해결을 도와주자. 회사 내부에서 팀원의 담당 업무를 경험한 사람을 찾아주거나, 지금 겪는 어려움을 도와줄 수 있는 사람을 찾아주거나, 회사 외부의 전문가를 연결해주거나 하는 등의 일이 그것이다. 평소 회사 안팎으로 탄탄한 네트워크를 구성해놓는 것이 도움이 된다. 회식이나 골프로 관계를 만들라는 의미가 아니다. 다양한 팀과 사람들에게 도움을 주고 신뢰를 얻음으로써 도움이 필요할 때 활용할 수 있는 인맥을 만들자는 것이다.

자료 제공하기

팀장은 팀원보다 훨씬 더 넓은 범위의 정보와 자료에 접근할 수 있다. 팀원의 문제 해결에 필요한 과거와 현재의 자료들을 잘 찾아서 전달한다.

인력 충원하기

팀원이 해당 업무를 해나가는 데 있어서 필요한 사람을 충분히 갖추고 있는지 지속적으로 점검한다. 만약 사람이 부족하다는 판단이 들면 팀 내의 다른 팀원 혹은 타 팀의 지원을 받도록 해야 한다. 회사 내부에 더 이상 지원할 팀원이 없다면 회사 외부에서 인턴, 컨설팅 회사, 리서치 회사 등의 도움을 받아야 한다. 중요한 것은 일의 성과를 만드는 일이다. 비용도 중요하지만, 투자 대비 효과를 잘 분석하여 필요한 지원을 아끼지 말아야 한다.

한 달에 한 번,
오직 성과에 대해 대화하는 시간

열심히 일하지 않는 사람은 드물다. 문제는 중요한 일에 시간을 쓰고 있는지, 근본적인 개선을 위해 노력하고 있는지의 여부다. 중요하지만 당장 급하지 않은 일이, 중요하지 않은 당장 급한 일들에 밀리기 시작하면 목표한 기한 내에 성과를 달성하기란 어렵다. 따라서 이를 방지하기 위해 매달 오로지 성과만 생각하는 시간인 '성과의 대화'를 진행한다.

신 차장은 올해 1월에 의욕적으로 중요한 업무 다섯 개를 뽑아 목표, KPI, 세부 일정을 수립하였다. 2~3월까지는 이 계획대로 업무를 착착 진행했다. 4월에 갑작스러운 담당 임원의 업무 지시가 떨어졌다. 원래 계획에 있던 것은 아니지만, 직장생활의 우선순위는 짬밥, 일단 임원이 시키는 일에 매진했다. 그러던 중 7월에 갑자기 시장이 악화되는 사건이 발생했다. 이에 대응하는 것이 당연히 모든 것의 급선무이기 때문에 모든 팀이 이에 집중했다. 8월에는 휴가를 다녀오고, 9~11월에는 그동안 밀린 일을 처리했고, 12월 인사팀에서 MBO 자기 평가를 하라는 메일이 왔다. 시스템에서 내 MBO를 열어본다. 1월에 세운 다섯 개 주요 업무 중 세 개는 아직 시작도 못하고 다른 일에 더 많은 시간을 썼다. 평가는 그럭저럭 받는다. 다른 일을 한 것에 대한 인정 때문이다. 그리고 그다음 1월 MBO 과제는 작년과 비슷하게 수립된다.

이런 일을 피하기 위해 적어도 한 달에 한 번 정도는 우선순위 과제들의 진척도를 전체적으로 점검할 필요가 있다. 성과의 대화를 진행하는 구체적인 목적은 세 가지다.

① 리마인드 하기

연초에 세운 계획은 많은 시간과 에너지를 투입해서 결정한 만큼 중요하다. 이 업무들을 놓치고 있지 않은지 스스로 리마인드할 수 있다. 필요한 경우에는 목표를 바꿔야 할 수도 있다. 그러기 위해서는 정기적으로 목표를 점검해야 한다.

② 주요 업무 진척도 관리하기

성과의 대화는 팀장에게 주요 업무의 진행 상황을 공유할 수 있는 기회다. 물론 보고를 받을 기회는 얼마든지 만들 수 있지만, 적어도 한 달에 한 번은 이런 식의 정식 점검 절차를 통해 진행 상황을 서로 공유한다.

③ 팀원에게 필요한 지원 사항 파악하기

업무 진척도에 대해 이야기하다 보면 분명 어려운 점에 대한 이야기도 나올 것이다. 사람이나 예산이 더 필요할 수도 있고, 다른 부서와의 협업 문제를 해결해야 될 수도 있다. 이런 부분을 잘 해결해가면서 진척도와 향후 계획을 논의해야 한다. 그래야 팀장이 업무 진척도를 한눈에 파악할 수 있고, 미팅 기록을 활용하면 연말 평가를 진행할 때도 수월하다.

성과의 대화 진행 방법

성과의 대화를 효과적으로 하려면 다음과 같은 템플릿을 활용하면 좋다. 표의 왼쪽 열에는 주요 업무, 주요 일정, 목표를 기입한다. 표의 오른쪽에는 매달의 진척 상황과 향후 계획을 기입한다. 이 역시 보고를 위한 보고가 돼서는 안 되므로 최대 세 개 정도의 주제면 충분하다.

[효과적인 성과의 대화를 위한 템플릿의 예]

주요 업무	주요 일정	목표	3월		4월	
			진척 상황	향후 계획	진척 상황	향후 계획

성과의 대화는 한 달에 한 번, 매달 첫째 주에 진행한다. 형식은 일대일 대화이며, 1시간 정도가 적당하다. 일정은 미리 3개월 치를 잡아두는 편이 좋다. 그렇지 않으면 우선순위에 밀려나기 쉽다. 6개월 치를 미리 계획해두면 더 좋다.

대화를 진행하는 순서는 다음과 같다.

① 미팅 전: 팀원 사전 작성하기

미팅 전, 팀원들에게 위 템플릿을 공유해 미리 작성하도록 한다. 사전 준비 내용은 미팅 3일 전에 메일로 리마인드 해주는 게 좋다. 만약 너무 바빠서 준비하지 못한 팀원이 있더라도 당황하지 말고, 서식을 띄워 놓고 함께 보면서 채워나간다.

② 미팅 중 1: 이번 달 진행 상황 논의하기

우선 업무 진행 상황에 대해서 논의한다. 지난달에 합의한 '다음 달 계획' 대비 이번 달의 진척도를 살펴보면 좋다. 주의할 점은 비난하지 않는 것이다. 당연히 팀장의 높은 기대치 관점에서 보면 답답하게 느껴질 수도 있다. 하지만 이 미팅은 비난이 아닌 업무가 원활히 진행되도록 점검하는 자리라는 점을 꼭 기억하자. 나도 모르게 비난하다 보면 팀원들은 이 미팅을 달가워하지 않게 될뿐더러 비난을 피하기 위해 사실을 부풀리거나 허위 내용을 보고할 수도 있다.

만약 진척도가 기대 이하라면 속도를 낼 방법을 함께 고민한다. 조언해주는 것도 좋지만, 질문을 통해 팀원이 직접 해결책을 찾아나가도록 지원하는 편이 이상적이다. 팀장이 직접 나서서 해결해야 할 일이 있다면 곧바로 또는 미팅 이후에 처리한다.

③ 미팅 중 2: 다음 달 진행 상황 논의하기

앞선 논의를 바탕으로 다음 달에 해야 할 일을 논의한다. 이때 적당히 도전적이고 실현 가능한 업무 리스트를 합의한다. 팀원이 놓친 일이 있다면 질문과 논의를 통해 채워준다.

④미팅 중 3: 전반적 이슈, 일의 양, 지원이 필요한 사항 논의하기

전반적으로 일하면서 어떤 어려움이 있는지 질문한다. 또 업무량이 버겁지는 않은지 혹은 너무 쉬워서 도전 의식이 느껴지지 않는지 점검한다. 이런 논의를 바탕으로 팀원별 업무량을 조정할 수도 있다. 마지막으로 지원이 추가적으로 필요한 부분은 없는지 이야기해본다.

⑤미팅 후: 팀 전체에 공유하기

미팅에서 합의한 내용은 팀원 전체에게 공유한다. 팀원들이 각자 어떤 일을 하는지 아는 게 중요하기 때문이다. 그래야 서로 겹치는 업무를 줄이고 효율적으로 일할 수 있으며, 도움도 주고받을 수 있다. 즉, 협업의 효율성을 극대화할 수 있다. 해당 내용은 팀 공유 폴더에 공유하고 공지하는 것이 효과적이다.

지금까지 이야기한 성과의 대화 과정을 정리하면 다음과 같다.

[성과의 대화 단계별 체크 리스트]

미팅 전	미팅 중	미팅 후
• 팀원 사전 작성	• 진척 상황 논의 • 향후 계획 논의 • 이슈 및 지원 필요 사항 논의	• 미팅 정리 후 팀원 공유

업무 단위마다 기록해야 기억한다

업무 과정에서 크고 작은 어려움은 반드시 생긴다. 이 과정에서 누구나 적어도 한 번은 가슴앓이하며 힘든 시간을 보냈을 것이다. 하지만 업무는 언젠가 끝이 나고, 이는 성장의 밑거름이 된다. 이렇게 어려운 업무를 마친 후 그 과정을 값진 교훈으로 이어지게 하려면 반드시 회고하고 성찰하는 시간이 필요하다.

일은 한 번만 하고 마는 것이 아니다. 또 모든 일을 처음부터 잘할 수는 없다. 아무리 잘해도 개선할 영역은 언제나 존재한다. 그러므로 어떤 업무를 하든지 마무리 시점에는 반드시 성찰의 시간을 가져야 하고 기록으로 남겨서 체계적으로 관리해야 한다.

그러면 어떤 프로세스를 통해 경험을 역량으로 전환할 수 있을까? 단계별로 살펴보도록 하자.

AAR 회의

하나의 업무 단위가 끝나면 그 일에 함께했던 팀원들이 한자리에 모여 다음의 질문을 두고 논의한다. 단, 이 시간은 팀장은 참석하지 말고 실제로 업무를 리드한 팀원이나 중간 관리자에게 맡긴다. 실무자들끼리 솔직하게 소통하려면 팀장의 배려가 필요하다. 모아진 내용은 팀 폴더에 저장하고 공유한다.

◇ 의도했던 목표는 무엇이었나?
◇ 결과는 어떠했는가? 의도했던 목표를 달성했는가?
◇ 업무 과정에서 잘했던 점과 부족했던 점은 무엇인가?
◇ 이 과정을 통해 얻은 교훈은 무엇인가?

다음번에 비슷한 업무를 진행할 때는 반드시 이 AAR 기록을 열어보고 시작한다. 매년 열리는 행사 등에 적용하면 특히 효과적이다.

업무 피드백

스스로 하는 성찰도 좋지만 제3자의 피드백 역시 중요하다. 사람은 자신의 모습을 객관적으로 볼 수 없기 때문이다. 따라서 일이 끝나면 그 일을 진행한 과정에서 잘한 부분과 못한 부분을 꼭 피드백해야 한다. 이 역시 경험을 교훈으로 전환하는 중요한 과정이다.

피드백할 때는 해당 업무에서 잘한 점과 개선해야 할 점에 집중한다. 성장의 대화에서는 전반적인 태도와 일하는 방식 등 넓은 범위의 피드백을 줬다면, 업무 피드백에서는 해당 업무를 수행하면서 보여준 모습을 위주로 피드백한다.

좋은 피드백을 주기 위해서는 평소에 잘 관찰해야 한다. 매번 피드백하는 것이 잔소리처럼 느껴진다면 관찰한 내용을 기록해두자. 세 번 이상 관찰하고 발견한 부분만 이야기하는 것도 방법이다.

피드백을 하는 시점도 중요한데, 업무 수행 시점과 최대한 가까워야 한다. 사람의 기억력은 불완전하다. 그래서 혼자 기억하고 있는 지점을 이야기해봐야 효과가 없다. 또 피드백은 팀원의 발전을 위한 것이므로, 일방적인 전달보다는 몇 가지 주제를 놓고 토론하는 방식이 훨씬 효과적이다. 누군가 자세가 잘못됐다고 지적하지 않는 이상, 야구 선수는 본인이 옳다고 생각하는 자세로 공을 치고, 던진다. 완벽하면 괜찮지만 자세에 문제가 있다면 반드시 관찰하고 발견한 사람이 알려줘야 한다. 이렇게 해야 더 나아진다고 말이다.

지금까지 4장에서는 효과적인 업무 관리 프로세스에 대해 살펴봤다. 업무 사전 설계 단계는 흔히들 생략하기 쉽지만, 그 중요성만큼은 아무리 강조해도 지나치지 않다. 팀장조차 준비되지 못한 상태에서 업무를 지시하면 혼란만 야기되며, 팀장에 대한 존경심마저 약화된다. 따라서 업무 목적, 결과물의 모습, 접근법에 대해서 미리 생각한 후 적합한 인원에게 일을 맡겨야 한다.

또 일을 맡길 때는 단순히 지시해서는 안 된다. 각 팀원의 업무 선호도를 최대한 반영하려고 노력해야 한다. 일을 맡길 때는 왜 상대에게 그 일을 맡기는지, 내가 기대하는 모습은 무엇인지를 세세하게 이야기한다. 그래야 실무자가 진심을 다해 일에 몰입할 수 있다.

일을 맡겼으면 최대한 믿고 기다려준다. 하지만 팀원별로 동기와 역량 수준에 따라서 적절하게 관여한다. 의사 결정은 빠르게 해주는 것이 좋고, 한 번 결정한 내용은 최대한 유지한다. 팀원이 일하는 과정에 어려움을 겪고 있다면 동원 가능한 모든 자원을 활용해 돕는다. 일대일 대화와 정기 회의 등을 통해 주기적으로 진행 상황과 어려움을 파악한다. 마지막으로 업무가 끝나면 업무를 통해 배운 무형의 경험을 구조화된 기록물로 남긴다. 이것이 바로 지속적인 업무 역량 향상을 위한 필수 과정이다.

팀원의 업무 역량은 전적으로 팀장의 책임이다. 일 못 하는 팀원 때문에 성과가 나지 않는다는 것은 비겁한 변명일 뿐이다. 백성을 탓하는 왕, 선수를 탓하는 감독을 볼 때 우리는 어떤 생각을 하는가?

반대로 팀장의 성과 관리 역량을 개선하면 팀원의 업무 역량과 성과도 개선될 수 있다. 성과 관리는 팀원 성장의 가장 중요한 요소다. '업무 → 교훈' 프로세스를 여러 번 제대로 진행하면 팀원은 눈에 띄게 성장할 것이다. 한 번에 안 되면 두 번, 두 번에 안 되면 세 번 진행하면서 기다려 주면 반드시 성장한다.

지금까지 이야기한 과정을 매번 완벽하게 따를 수는 없다. 하지만 그렇기 때문에 우리 모두 개선의 여지를 가지고 있는 것이 아닐까? 분명 더 잘할 수 있는 길은 존재한다. 중요한 것은 팀원의 업무 역량을 개선해주려고 노력하듯 팀장 스스로도 역량 개선을 위해 노력하는 것이다.

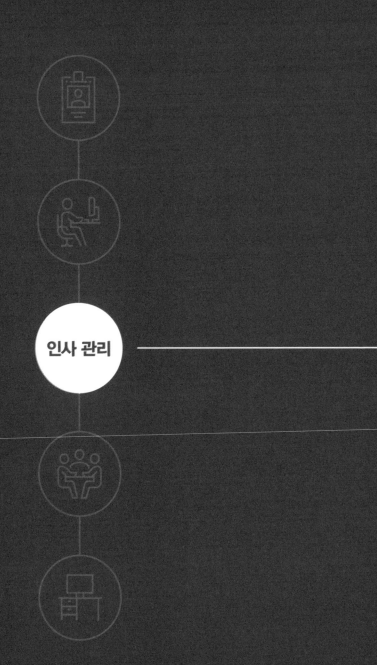

인사 관리

5장

그런데도 자꾸
팀원들이 그만둔다면

적합한 사람이 모여야
적합한 사람이 들어온다

짐 콜린스는 그의 저서 《좋은 기업을 넘어 위대한 기업으로》
(김영사)에서 이렇게 말했다.

> 좋은 회사에서 위대한 회사로의 전환에 불을 붙인 경영자들은
> 버스를 어디로 몰고 갈지 먼저 생각한 다음에 버스에 사람들
> 을 태우지 않았다. 반대로 버스에다 적합한 사람들을 먼저 태
> 우고(부적합한 사람들은 버스에서 내리게 하고), 다음에 버스를 어
> 디로 몰고 갈지 생각했다.

버스에 '적합한 사람'들을 태우면 이 '적합한' 사람들이 알아서

'어디로' 갈지 정한다. 틀린 방향으로 가면 알아서 수정한다. 또 '적합한' 사람들이 있는 것을 보고 계속 '적합한' 사람들이 모여든다. 이 '적합한' 사람들은 내적 동력에 따라 스스로 동기를 부여하여 최선의 성과를 일구어내는 사람들로서 팀장이 빡빡하게 관리할 필요가 없다. 어떤 사람들이 모여 있는가는 팀 문화를 만드는 데 지대한 영향을 미친다. 앞으로 소개할 다양한 팀 문화 빌드업 활동도 중요하지만 사실 이는 보조적인 수단일 뿐, 처음부터 적합한 사람을 모으는 것이 중요하다. 좋은 사람을 모아 놓으면 조금만 노력해도 좋은 팀 문화를 만들 수 있다.

좋은 팀에 걸맞는 적절한 팀원이란?

적합한 사람이란 어떤 사람일까? 팀장의 철학과 팀이 처한 상황에 따라 다를 수 있다. 그 사람이 가진 전문성이나 업무 역량을 검증하는 것도 물론 중요하지만, 기본적인 품성이 팀이 원하는 문화와 맞는지 점검하는 것이 더 필요하다. 역량과 전문성은 그간 해온 일들의 결과물을 바탕으로 상대적으로 쉽게 판단할 수 있지만, 후자는 정성적 측면이 커서 검증이 어려운 영역이기 때문에 더 그렇다. 다양한 경험을 통해 정리한 좋은 인재의 조건은 다음과 같다.

① 태도·품성

◇ 성장 지향: 성장하고 배우고 새로운 것을 시도하는 열정이 강한 사람인가?

◇ 긍정 에너지: 긍정적인 에너지가 강한 사람인가?

◇ 팀워크: 팀으로 일할 수 있는 사람인가?

② 역량

◇ 기본 일머리: 스마트하고 논리적인 사람인가?

◇ 전문성: 채용하는 분야의 전문성이 있는 사람인가?

◇ 실행력: 결과를 만들어낼 줄 아는 사람인가?

내가 가장 중요하게 생각하는 좋은 인재의 첫 번째 조건은 성장 지향성이다. 성장 지향에는 다양한 요소가 함축되어 있다. 그 내용은 다음과 같다.

◇ 현재의 조건(연봉, 근무 여건, 워라밸 등)보다 경험을 통한 성장 여부에 집중한다.

◇ 일을 통한 배움 및 일 이외의 자기계발에 진심이다.

◇ 혁신, 즉 기존의 권위와 방법론에 지속적으로 질문을 던지고 새로운 방식을 열정적으로 시도한다.

이런 인재를 영입하는 것이 왜 중요할까? 성장형 인재는 주어진 일만 하는 것이 아니라 일을 만들어서 주도적으로 한다. 팀장이 팀원의 동기 유발에 에너지를 많이 쓸 필요가 없이 자가 발전한다.

일본의 전설적인 CEO 이나모리 가즈오는 그의 저서《왜 일하는가?》(다산북스)에서 이런 인재를 "소용돌이 중심에서 일하는 사람"이라 불렀다.

그 사람은 자기가 중심이 돼 마치 상승 기류가 치고 올라가듯 전 구성원을 이끌고 조직을 역동적으로 움직이게 한다. 나는 그렇게 자신이 먼저 적극적으로 일에 임하고 주변 사람들에게 동기를 부여해 일을 활기차게 진행하는 사람을 '소용돌이의 중심에서 일하는 사람'이라고 표현한다.

남에게 지시를 받고 일하기보다는 그 일의 중심으로 들어가 리더가 됐다는 생각으로 일을 끌고 나가라. 스스로 '소용돌이를 만들어간다'는 마음으로 일하라. 스스로를 활활 태울 수 있는 자연성 인간이 돼야만 일이 즐겁고, 놀라운 성과를 거두며, 인생 역시 더욱 알차고 풍요롭게 가꿀 수 있다. 그런 자연성 인간만이 성공할 자격이 있다.

이런 소용돌이를 일으키려면 동기가 강해야 하는데, 이 동기는 반드시 외적 동기가 아닌 내적 동기여야 하며 이 내적 동기 중에 가장 강력한 것이 '성장하여 위대한 경영자·사업가·전문가'가 되고 싶다는 열망이라고 생각한다.

두 번째 좋은 인재의 조건은 긍정 에너지다. 아무리 경력이 좋아도 부정적인 에너지를 가진 사람은 절대 뽑지 않는다. 긍정적인 에너지는 지키기 어렵고 부정적인 에너지는 별다른 노력 없이 쉽게 전파된다. 환경이나 남 탓을 하는 것은 인간의 자존심을 지키는 손쉬운 방법이기 때문이다. 그래서 똑똑한 사람 중에는 염세적인 태도를 가진 사람이 생각보다 많다. 자기 자신에 대한 평가에 비해 실제 결과가 기대에 못 미치는 경우, 내가 아닌 다른 것에 이유를 돌려야 마음이 편하기 때문이다.

긍정 에너지는 꾸준히 수련한 결과다. 주변에서 일어나는 일들을 긍정적으로 받아들일 수 있는 필터를 계속 관리하고 강화시켜 왔는가? 그러한 인재는 자신뿐 아니라 주변에도 이 에너지를 전파한다. 우리는 성장하려고 일하는 것이기도 하지만 결국은 성장하여 행복하기 위해 일한다. 긍정적인 사람과 일하는 것은 이 행복에 지대한 영향을 미친다.

세 번째 좋은 인재의 조건은 기본 일머리다. 이는 학력의 문제가 아닌 논리적 사고가 얼마나 가능한지의 여부다. 논리란 원인과 결과를 연결하는 힘이다. 어떤 일의 근원을 찾고, 원인이 쌓인 결과를 예측하는 능력. 이 기본적인 사고방식이 잘 잡혀 있는 사람이 일을 잘한다. 아니, 정확하게 이야기하면 어떤 일도 빠르게 적응해서 배울 수 있다.

네 번째 팀워크 여부도 고려 대상이다. 일 잘하고 똑똑한 사람 중 의외로 협업을 어려워하는 경우가 많다. 이런 인재가 팀에 들어왔을 때는 전체적인 분위기나 문화에 좋지 않은 영향을 줄 수 있다. 대부분의 일은 함께하는 것이기에 협업 능력도 중요한 역량이다.

경력직 혹은 전문성이 중요한 직군일수록 전문성도 당연히 중요한 요소다. 경력직을 채용한다는 것은 그동안의 경험을 산다는 것이다. 그 경험이 우리 회사에서 단시간에 활용될 만큼 단단한 것인지 또 팀에 필요한 종류의 경험인지 확인해야 한다.

마지막으로 결과를 만드는 능력도 중요하다. 실행력은 습관에 가까운 역량이다. 열심히 노력하는 것을 넘어 눈에 보이는 결과로 만들어낸 경험이 있는가도 검증해야 한다. 똑똑하지만 기획만 해본 사람보다 다소 거칠지만 여러 결과를 실제로 만들어본 인재가 더 필요할 수 있다.

위의 여섯 가지는 채용할 때 검증해야 할 수많은 항목 중 기질적 특성에 가까운 것이다. 이외의 역량은 경험을 통해 배우면서 습득할 수 있지만 위의 여섯 가지는 단기간에 쌓아 올리기 쉽지 않다. 또 이 특성을 지니지 않으면 배우는 속도가 빠를 수 없다.

이외에도 팀장 개인마다 중요하게 생각하는 역량은 여러 가지 있을 수 있다. 중요한 것은 팀장이 이에 대해 뚜렷한 철학을 가지는 것이다. 기존의 팀원들과 이에 대해 논의하는 것도 도움이 된다.

처음부터 이런 철학을 뚜렷하게 갖기란 쉽지 않다. 시행착오를 겪다 보면 나름의 관이 점점 날카로워질 것이다.

인재는 저절로 입사하지 않는다

팀장이 팀을 맡아 처음 해야 하는 일은 '적합한' 사람들을 새로 뽑고, 또 '적합하지 않은' 팀원들을 다른 팀으로 배치함으로써 원하는 모습의 버스를 만드는 것이다.

이 작업은 초반에 하는 것이 중요하다. 조직에서 팀장에게 힘을 실어줄 때 빠르게 〈팀 운영 계획 초안〉을 수립한 후 필요한 포지션에 대해 승인받아야 한다. 세세한 업무까지는 아니어도 어떤 미션을 추구할 것이고, 그를 위해 어떤 인재가 필요한지에 대한 계획을 수립해서 회사를 설득하자.

증원에 대해 승인받았다면 이제 채용을 시작해야 한다. 채용은 보통 인사팀 업무라고 생각하지만, 사실 팀장의 의무다. 인사팀은 프로세스를 거들 뿐 반드시 팀장이 직접 챙겨야 한다. 인사팀이 담당하는 팀은 많기 때문에, 우리 팀의 채용이 인사팀의 우선순위가 되지 않을 확률이 매우 높다. 즉, 인사 담당자는 팀장만큼 절박하게 채용을 챙길 의지가 없다. 반면 채용은 팀장에게 0순위가 돼야 한다. 팀원이 없으면 일할 수 없다. 좋은 팀원이 없으면 좋은 성과를 낼 수 없다. 직접 절실하게 챙겨야 한다.

주변에서 "좋은 인재를 구하는 것이 힘들다", "지원 자체를 하지 않는다"라는 등의 푸념을 많이 듣는다. 국내, 해외, 대기업, 중소기업을 모두 거친 경험을 기반으로 이야기하면, 이는 전부 맞는 말은 아니다. 수동적으로 채용에 임하면 좋은 조건으로 사람을 구해도 채용이 힘들다. 그러나 적극적으로 모든 것을 걸고 채용에 뛰어들면 어떻게든 구할 수 있다.

채용은 크게 비공식적인 방법과 공식적인 방법 두 가지로 진행할 수 있다.

비공식적인 채용 방법

2018년 초 유럽에서 주재원을 할 무렵, 한국의 전략 팀장 자리로 들어오라는 결정이 내려졌다. 공식 부임인 8월까지는 아직 시간이 남았지만 가까운 주변 사람들에게 '이런 팀'으로 들어갈 건

데 좋은 사람이 있으면 소개해달라고 수소문하기 시작했다. 이런 부탁은 한 번으로는 흘려듣기 쉬워서 만날 때마다 혹은 다른 업무로 연락할 때마다 수시로 이야기했다. 운이 좋게 다른 계열사의 지인으로부터 "좋은 인재가 있는데 다른 경험을 해보고 싶어 한다"라는 이야기를 듣고, 한국 출장 때 시간을 내어 그를 만났다. 부임 8개월 전이지만 직접 만나 왜 팀을 옮기고 싶은지 이유를 듣고, 내가 '만들고 싶은 팀'과 해당 팀에서 그가 할 수 있는 업무와 배울 수 있는 것들에 대해 이야기했다.

다행히 서로의 니즈가 맞았다. 나에게도 그 같은 사람이 필요했고, 그가 찾고 있는 팀도 내가 만들고자 하는 팀과 유사했다. 8개월 동안 서로 가끔 안부를 물으며 마음이 변하지 않도록 관리했다. 결국 8월 부임 후 그가 우리 팀에 합류했고, 기대보다 훨씬 더 유능하고 적극적인 팀원이었기에 큰 도움을 받았다.

팀원들에게 지인을 소개받는 것도 유효한 방법이다. 팀원은 우선 나와 팀을 잘 이해하고, 우리 팀에 필요한 인재의 모습에 대해서 잘 알고 있다. 또 팀원은 많은 필터를 거쳐 정말 괜찮은 인재를 추천하는 게 대부분이다. 또 내가 좋아하는 팀원이 추천하는 인재라면 그와 비슷한 성향일 확률이 높다. 그래서 채용이 필요한 시점에는 팀원들에게 추천해달라는 이메일을 자주 보낸다.

한번은 팀원으로부터 필요한 인재를 추천받은 적이 있다. 아니나 다를까 직접 만나니 더욱 욕심이 났다. 온갖 인맥을 동원하여 다른 계열사에 있던 그를 데려오기 위해 노력했고 인맥을 활용하여 해당 회사 상사를 설득했으며, 그 자신도 팀에 의사를 밝혔지만 결국 대표의 반대로 이직이 좌절됐다.

그러나 나는 포기하지 않고 그와 지속적으로 연락하며 지냈다. 변화가 생기는 시점은 오기 마련이다. 결국 그 대표가 사직하게 됐고, 변화를 틈타 그를 팀으로 데려오는 데 성공했다. 처음 알게 된 후 이직까지 2년이 넘는 시간이 걸렸지만 성공적인 채용 케이스였다.

이처럼 비공식 루트는 크게 주변 지인에게 소개받는 것과 기존 팀원들의 지인을 소개받는 것으로 나눌 수 있다. 성공한 적은 없지만 협력사 직원 등에게 이직 제안을 한 적도 있었다.

중요한 것은 인재를 찾기 위해서는 눈에 불을 켜고 꾸준히 노력해야 한다는 점이다. 그러면 시간이 걸린다 해도 반드시 필요한 사람을 찾을 수 있다. 돌아보면 채용 공고나 헤드헌터를 활용하는 공식적인 채용보다 비공식적인 방법으로 채용한 직원들의 비중이 더 많았고, 성공률도 높은 편이었다.

공식적인 채용 방법

그다음 생각해볼 수 있는 것은 공식적인 방법을 통한 채용이다. 잡코리아, 사람인, 원티드, 리멤버 등의 채용 포털에 공고를 올리는 것과 헤드헌터를 활용하는 방법 두 가지로 나눌 수 있다.

① 채용 포털을 활용하는 방법

채용 포털은 다양하게 활용하는 것이 좋다. 비용이 좀 들어도 다양한 채용 포털을 사용할수록 채용 확률이 높아진다. 이때 채용 공고를 잘 쓰는 것이 중요하다.

회사와 팀에 대해 소개할 때는 미션에 대해 충실하게 작성하고, 회사나 팀이 이루고자 하는 큰 목표를 쓰는 것이 좋다. 공고를 보고 마음이 설레게 하는 것이 목적이다. 또 팀원이 팀에서 배울 수 있는 항목에 대해 강조해서 쓰는 것도 필요하다.

오른쪽은 전략팀에서 인턴을 모집할 때 사용했던 채용 공고다.

② 헤드헌터를 활용하는 방법

헤드헌터를 통하는 것은 보통 연봉의 15~20%의 수수료가 드는 비싼 방법이다. 하지만 전문가인 만큼 중요한 포지션을 채용할 때는 큰 도움이 된다.

[채용 공고의 사례]

회사 소개
◇ ○○는 지난 30년간 산업의 리더 자리를 지켜온 국내 최초·최대 ○○○ 기업임
◇ ○○년 경영진 교체와 함께 기존의 ○○ 영역에서 ○○ 영역으로의 확대로 새롭게 회사의 비전을 정의하고, 비약적인 성장을 위해 적극적인 투자를 진행 중

팀 소개
◇ 전략팀은 회사의 미션 및 비약적 성장을 위해 중장기 전략 수립 및 신사업·핵심 전략 과제 추진의 중추적인 역할을 수행하는 팀임
◇ 핵심 과제
  ① 모바일 트렌스포메이션이 가속화되는 시장에서 ○○만의 새로운 디지털 서비스 모델은 무엇이며 어떻게 추진해나가야 하는가?
  ② B2B 시장의 신사업 모델은 어떻게 되는가?

인턴의 역할
◇ 기초 리서치 및 기본 분석 담당
◇ 단순 리서치뿐 아니라 위 핵심 과제의 답을 찾아가는 과정을 함께하는 팀원으로 활동

인턴이 얻을 수 있는 것
◇ 국내 리딩 업체의 강점·노하우에 대한 배움
◇ '기존 오프라인 전통 기업의 디지털·모바일 트렌스포메이션에 대한 대응'이라는 중요한 비즈니스 주제에 대한 배움
◇ 단순 리서치 보조가 아닌 인턴으로서 문제 해결 및 실행에 직접 참여하고 회사의 성장에 기여하는 경험

자격 요건(우선순위 순서)
◇ 열정과 의지
◇ 새로운 것에 대한 관심
◇ 기본적인 리서치 역량, 분석 역량, 커뮤니케이션 역량, 문제 해결 능력

채용 공고는 이직 의지가 강한 사람들만 본다는 한계가 있고, 지인은 내 주변 사람들에 한정해서 소개받을 수밖에 없다는 제약이 있다. 하지만 좋은 헤드헌터는 커리어리, 링크드인, 리멤버 등 공개된 일반 직장인들의 경력을 보고 먼저 제안하기 때문에 더 넓은 범위의 인재에 접근할 수 있다.

헤드헌터를 활용할 때는 우선 내가 찾는 인재에 대해 명확히 설명해야 한다. 팀장이 직접 헤드헌팅 담당자와 미팅하는 것을 추천한다. 원하는 인재의 모습과 자격 요건의 우선순위에 대해 정확하게 이야기해야 한다. 예를 들면, 학벌은 중요하지 않다거나 연차는 별로 중요하지 않다거나 하는 포기할 수 있는(혹은 완화할 수 있는) 조건을 몇 가지 이야기해주면 접근할 수 있는 인재의 범위가 넓어진다.

헤드헌터와 첫 미팅을 한 후에는 주기적으로 점검하는 것이 중요하다. 나의 경우 자주 할 때는 이틀에 한 번씩 전화해서 점검한 적도 있었다. 이때는 새롭게 큰 팀을 만들어야 하는 경우였고, 보통의 경우라면 1, 2주일에 한 번 전화 회의하는 것을 추천한다. 헤드헌터는 내 팀뿐 아니라 여러 개의 프로젝트를 동시에 진행하는 사람이다. 주기적으로 상기시켜주지 않으면 구직에 쓰는 에너지가 줄 수밖에 없다. 그리고 헤드헌터를 통해 인재를 소개받았을 때도 반드시 레퍼런스 체크(헤드헌팅 기업이 후보자로부터 함께 일했던 지인을 추천받아 그들에게 지인의 역량·태도를 검증하는 절차)를 진행하는 게 좋다.

그 외에 인턴 제도를 활용하는 것도 추천한다. 인턴을 채용하는 것은 여러 가지 긍정적인 효과가 있다. 인턴은 기존 직원들의 저부가 가치 업무를 도와주어 직원들이 고부가 가치 업무에 시간을 쓸 수 있게 돕는다. 무엇이든 빨아들이는 스펀지처럼 일하는 인턴의 존재는 팀 전체의 마음을 새롭게 다잡게 하는 훌륭한 에너지가 된다. 또 인턴을 거친 직원들은 신입사원 채용의 훌륭한 파이프라인(잠재적 후보자)이 되기도 한다. 오랜 기간 함께 일하며 충분히 검증된 인턴처럼 마음 편하게 채용할 수 있는 직원이 있을까? 부가적인 부분이지만 인턴은 일반적으로 하나의 포지션으로 간주되지 않기 때문에 인사팀의 문제 제기도 덜하다.

좋은 직원을 가려내는 면접의 기술

　평균적으로 실무-팀장-임원 면접 3단계(혹은 4단계), 총 3~4시간으로 좋은 사람을 가려내는 것은 쉬운 일이 아니다. 최근에는 1박 2일 워크숍, AI 면접 등 다양한 방법이 시도되고 있지만, 형태가 다양화될 뿐 짧은 시간 안에 제한된 정보로 사람을 검증해야 한다는 기본적인 한계는 같다. 아직도 면접은 직원 채용에 있어서 거의 절대적으로 중요한 절차다. 그래서 채용하는 입장에서도 면접을 잘 준비하는 것이 좋은 사람을 가려내는 데 중요한 과정 중 하나다.

　면접은 채용의 첫 단계다. 조직이 후보자를 평가하는 절차이기도 하지만, 후보자가 괜찮은 회사인지 평가하는 자리이기도 하다.

좋은 인재는 여러 옵션을 두고 후보를 고를 것이다. 이런 후보에게 면접이란 우리 회사가 좋은 회사라는 것, 자신이 좋은 리더임을 어필하는 자리라는 점을 반드시 염두에 두고 진행해야 한다.

면접 전 준비

자격 요건을 명확하게 정의하고, 자격 요건에 대한 우선순위를 정한다. 이는 기본적으로는 채용 공고를 쓸 때 이미 정리돼 있어야 하지만, 면접관이 혼자가 아니라면 함께 들어가는 사람들에게 이 내용을 공유해야 한다.

자격 요건을 검증하기 위한 질문은 미리 준비하는 게 좋다. 처음에는 하나하나 준비하지만 익숙해지면 자신만의 질문이 생긴다. 세부 질문 내용에 대해서는 아래에서 소개한다.

이력서는 가능하면 미리 읽어보는 것이 좋다. 지원자가 직접 자신을 소개하는 과정을 통해 들을 수도 있지만, 미리 파악해두면 회사가 해당 포지션에 얼마나 진심인지를 보여줄 수 있다.

면접장은 미리 깨끗하게 세팅해놓는다. 지저분하면 집중이 안 될 뿐 아니라 회사에 대한 이미지도 안 좋아질 수 있다. 중요한 면접일수록 좋은 회의실에서 진행한다. 긴장하면 목이 타므로 물은 반드시 준비한다. 후보자에 대한 최소한의 배려다.

면접 준비

면접을 본격적으로 시작하기 전에 긴장을 풀어주는 편안한 질문을 던진다.

"오늘 연차 내고 오셨어요?"

"회사 위치가 어디세요?"

"사는 곳은 어디세요?"

"오늘 날씨가 참 좋지요?"

가벼운 이야기를 통해 긴장을 푸는 게 좋다. 면접을 시작하면 초반에 분위기 세팅을 위한 언급을 한다.

"저에게 이 포지션은 정말 중요한 포지션입니다. ○○○님께도 이직이라는 것이 커리어에 있어 매우 중요한 의사 결정이라고 생각합니다. 그래서 저는 우리 회사와 팀의 좋은 점과 나쁜 점을 모두 솔직하게 말씀드릴 생각입니다. ○○○님께서도 솔직하게 이야기해주셔서 서로 좋은 선택을 하는 데 도움이 되는 의미 있는 자리가 됐으면 좋겠습니다."

첫 질문은 보통 이렇게 시작한다.

"이력서를 꼼꼼하게 읽어보기는 했습니다만, ○○○님 이력에 대해서 본인의 언어로 소개해주시면 좋겠습니다. 대학교 때부터 시작해서 최근까지 이직, 팀 이동 등 주요한 의사 결정을 하실 때의 동기를 포함하여 각 커리어에서 했던 일들을 서류보다 더 생생하게 설명해주시면 좋겠습니다."

잘 파악해야 할 것은 중요한 순간마다 왜 그런 선택을 했는지 관찰하는 것이다. 돈 때문일 수도 있고, 성장하기 위한 여정이었을 수도 있다.

이후에는 자격 요건을 검증하기 위한 질문을 진행한다. 앞서 설명한 여섯 가지 자격 요건을 검증할 수 있는 질문은 다음과 같다.

[자격 검증을 위한 면접 질문]

	자격 요건	검증 방법(면접 시)
태도	• [성장 지향] 성장하고, 배우고, 새로운 것을 시도하는 열정이 강한 사람인가?	• 최근까지의 성장 스토리를 이야기하게 함으로써 중요한 변곡점에서의 의사 결정 기준(동기)에 대해 물으며 성장의 역사를 점검 • 지금 하고 있는 일 외에 자기계발을 위해 어떤 일을 하는지 질문 및 점검 • 실제 혁신(남들 혹은 이전과 다르게 한 것)을 만들어낸 사례에 대해 질문
	• [긍정 에너지] 긍정적인 에너지가 강하고 지속적인 사람인가? • [팀워크] 팀으로 일할 수 있는 사람인가?	• 편안하게 대화할 수 있는 분위기 조성 • 대화하는 모습을 잘 관찰 • 대화 중에 부정적인 단어의 비중 잘 관찰: 이전 회사 경험을 어떻게 이야기하는지 관찰

역량	• [기본 일머리] 스마트(논리적 사고·구조화)한 사람인가? • [전문성] 채용 분야의 전문성이 있는 사람인가? • [실행력] 결과를 만들 줄 아는 사람인가?	• 지금 하고 있는 일에 대해 구체적으로 질문 • 검증 안 되면 케이스 인터뷰 진행 • 과거 실행을 주체적으로 해낸 사례에 대해 질문, 본인이 어떤 역할을 했는지에 대해 질문

면접할 때는 검증하고자 하는 자격 요건을 명확히 한 후에 ①과거 경험에 대해 깊게 질문하고 ②대화 중에 쓰는 언어와 표정, 분위기를 잘 관찰해야 한다.

경험에 대해서 깊게 질문하다 보면 면접자의 태도와 역량에 대해 많은 것을 알 수 있다. "당신의 장점은 무엇입니까?", "당신은 어떤 사람입니까?"라는 질문에 대한 답에서 의미 있는 시사점을 찾기는 어렵다. 얼마든지 꾸며서 말할 수 있기 때문이다. 하지만 과거의 경험은 꾸미기가 힘들다. 한두 번은 꾸밀 수 있으나, 깊게 들어갈수록 꾸미기가 힘들다.

다음의 대화를 통해 실전 면접 상황을 살펴보자.

면접관: 과거 경험 중 본인이 가장 주도적으로 진행해서 성과를 낸 일이 무엇입니까?

후보자: 무선 키보드 제품의 미국 진출을 성공적으로 진행했습니다.

면접관: 결과가 어땠나요? 매출이나 마켓셰어로 이야기해주세요.

후보자: 정확한 숫자는 기억이 안 나지만… 회사에서 매우 인정받았습니다.

면접관: 미국 진출할 때 주요 전략이 무엇이었나요? 경쟁사 대비 어떻게 차별화했죠?

후보자: 타기팅을 명확하게 하려고 노력했습니다.

면접관: 타기팅을 어떤 식으로 진행했지요? 기준이 무엇이었나요? 왜 그 고객군을 타기팅했나요?

후보자: 사무직 고객들이었고, 이들 시장이 가장 컸습니다.

면접관: 사무직 고객들에게 소구할 수 있는 후보자 회사만의 차별화 요소가 무엇이었나요?

후보자: 사무직 고객들이 가장 많았습니다. 사무직 말고도 디자이너나 학생 그룹이 있었는데 사무직 고객이 가장 컸습니다.

면접관: 크다는 것은 알겠고, 후보자 회사가 그 고객들에게 어떤 점을 소구했나요?

후보자: 사무직 고객들이 상대적으로 숫자가 많았습니다.

대화에서 어떤 점이 느껴지는가? 표면적인 질문 하나만 던지면 마치 굉장한 경험을 한 것처럼 얼마든지 포장할 수 있다. 그러나 파고들어 가면 없는 것을 만들어내기란 쉽지 않다. 이 후보자의 경우, 우선 숫자에 약하다는 것을 알 수 있다. 숫자에 강한 사람은 적어도 자신의 성공 경험에 있어서는 나름의 구체적인 숫자 몇 개를 기억한다. 또 이 후보자는 가장 잘한 경험의 사례에서도 명확한 전략을 이야기하고 있지 않다. 그러면서 본질에서 벗어난 답을 계속하고 있다. 논리가 떨어지거나 역량이 떨어진다고 평가해야 한다.

이제 면접 중 언어나 표정을 파악한다. 잘 관찰하다 보면 열정, 긍정적 성향, 다른 사람에 대한 태도 등을 파악할 수 있다. 전 회사와 상사, 동료들에 대해 염세적으로 이야기한다면 냉소적일 가능성이 크다. "제 의견은 이렇습니다"가 아니라 "그건 이거죠"라는 식의 단정적으로 이야기하는 사람은 자의식이 강하고 다른 사람에 대한 배려심이 적을 확률이 높다. 면접 도중 '배움'에 대해 많이 언급하는 사람은 성장형 인재일 가능성이 높다. 또 회사 일에 대해 "설렌다", "해보고 싶다", "최선의 노력을 다하겠다" 등 노력이나 의지를 나타내는 표현을 많이 쓴다면 열정이 높은 경우가 많다.

역량과 태도에 대한 질문을 마치면 아마도 마음이 정해질 것이다. 만약 뽑고 싶은 인재라면 회사와 팀에 대해 충분히 설명하면서 영업을 시작한다. 잊지 말자. 면접은 일방이 아닌 쌍방이 서로 평가하는 자리다. 내가 꿈꾸는 비전을 이야기해주는 게 가장 좋다.

"나는 우리 회사(혹은 우리 팀)를 이런 모습으로 성장시킬 거다. 그 속에 우리 팀은 어떤 역할을 할 거고, 당신이 와서 이런 역할을 해주면 좋을 것 같다. (질문을 통해 미리 파악한) 당신 커리어 목표를 위해서도 이 경험이 이런 면에서 큰 도움이 될 거라고 생각한다."

후보자의 마음이 설렌다면 성공이다.

면접 후 과정

면접이 끝나면 함께 면접을 본 동료들과 논의를 진행한다. 채용 여부를 결정한 후 채용 이유를 상사에게 보고한다. 특히 후보자를 추천하는 이유에 대해 잘 설명해야 한다. 그래야 최종 면접을 통과할 확률이 높다. 이메일 보고뿐 아니라 최종 면접 직전에 상사에게 찾아가 그 사람의 장점을 구두로 최대한 어필한다.

임원·경영진 면접까지 합격했다면 레퍼런스 체크를 진행한다. 헤드헌터를 활용한 경우에는 헤드헌터를 통해 혹은 레퍼런스 체크만 전문으로 해주는 회사도 있으니 활용하자. 면접이라는 제한적인 프로세스의 단점을 보완하기 위한 필수적인 과정이다.

뽑는 것보다 내보내는 것이 더 어렵다

사람을 뽑는 것보다 어려운 것이 사람을 내보내는 것이다. 적합한 사람을 버스에 태우는 것만큼 적합하지 않은 사람을 버스에서 내리게 하는 과정도 매우 중요하다.

넷플릭스의 창업자 리드 헤이스팅스, 에린 마이어의 저서《규칙 없음》에는 인재 밀도의 중요성에 대한 재미있는 이야기가 나온다. 간단히 요약하면 회사가 어려워져 30%의 인원을 감축했는데도 오히려 생산성이 올랐는데 이유를 면밀하게 분석해보니 뛰어난 인재는 그렇지 않은 인재와 일하는 것을 정말 싫어하고, 뛰어난 인재들끼리 붙어서 일할 때 서로 자극과 배움이 돼 배가된다는 내용이다.

팀장이라면 팀 한 사람 한 사람을 잘하려는 의지와 배우려는 열정이 넘치고 긍정적인 에너지로 가득하며 기본적인 일머리가 되는 실력 있는 인재들로 '만' 구성하겠다는 의지가 필요하다. 그리고 그 외의 팀원들은 과감히 정리해야 한다.

주의할 것은 현재의 상태에 국한하여 인재를 판단하지 않는 것이다. 기본적으로 의지와 열정이 있는 팀원이라면 가능한 기다려 주는 게 좋다. 주니어의 경우 특히 더 그렇다. 시니어는 상대적으로 더 빠른 판단이 필요하다. 주니어에 비해 변화의 가능성이 낮기 때문이다.

잘 맞지 않는 인재에 대해 빠른 결정을 내리는 것은 팀을 위해서나 해당 인재를 위해서도 중요하다. 그 인재가 우리 팀에서 열정과 실력을 보이지 못하는 이유는 단지 우리 팀(사람이나 일의 종류)과 맞지 않아서일 확률이 높기 때문이다.

상처를 줄이는 해결책은 반드시 있다

합법적으로 해고할 수도 있지만 이는 절차적으로 쉽지 않을뿐더러 서로에게 상처를 남길 가능성이 크다. 가능하면 윈윈할 수 있는 해결책을 찾아야 한다.

가장 좋은 방법은 사내의 다른 팀으로 발령 내는 것이다. 일방적으로 발령을 내는 것이 아니라, 해당 팀원과의 면담을 통해 본인이 하고 싶어 하는 다른 일을 파악하고, 그 팀원이 잘하는 특성과 장점을 이해한 후 가능한 팀과 논의를 시작한다. 우리 팀에서 재능을 드러내지 못한 인재를 다른 팀에서는 받으려고 할까? 그런데 생각보다 다른 팀에서는 원하는 경우가 있다. 그 팀이 외부에서 채용하는 데 어려움을 겪고 있을 수도 있고, 해당 팀원을 좋게 평가하고 있을 수도 있다. 그래서 해당 팀원이 잘할 수 있는 영역을 찾는 것이 중요하고, 실제 팀을 옮겨 못 내던 성과를 내는 경우도 많이 봐왔다.

가장 사용하고 싶지 않은 방법이지만 시도해볼 수 있는 것이 합의 퇴사다. 이런 경우 팀원이 처음에는 잘 받아들이지 못할 수도 있다. 특히 자신에 대해 과대평가하거나 경력이 길어 다른 대안이 없는 경우에 더욱 그렇다. 그러나 서로 터놓고 이야기하다가 보면 상황을 받아들이는 경우도 있다. 이 경우, 반드시 노무사와 미리 협의하고 진행하는 게 좋다.

이 방법도 실패하면 해당 팀원을 영향이 가장 적은 팀이나 포지션으로 옮겨 영향력을 최소화하는 수밖에 없다. 답답한 일이지만 이 정도로 부정적인 영향을 막고 수습해야 한다. '사람은 뽑을 때 신중하게 잘 뽑아야 한다'는 사실을 다시 한번 마음속에 깊게 새기면서.

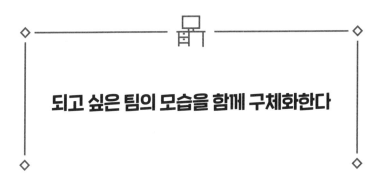

되고 싶은 팀의 모습을 함께 구체화한다

먼저 내가 가진 팀 운영에 대한 철학을 먼저 소개할까 한다. 이것이 정답은 아니지만, 이런 식으로 생각을 정리하는 게 도움이 된다고 이야기하고 싶다. 다음의 내용을 참고하여 본인의 팀 운영 철학을 정립해보자.

일은 행복하려고 하는 것이다

리더십이나 팀 운영할 때 '행복'이라는 단어를 사용하면 의외로 거부감이나 이질감을 표하는 경우가 꽤 있다. 회사는 일하는 곳인데 웬 행복? 그런데 이는 개인을 위한 것이기도 하지만 회사를 위한 것이기도 하다.

행복한 직원이 훨씬 더 높은 성과를 낸다는 연구 결과는 수두 룩하다. 일의 결과뿐 아니라 과정이 행복해야 하는데, 이때 몇 가 지 중요한 요소가 있다. 그중 중요한 것이 함께 일하는 사람과 일 의 종류다. 가족만큼 시간을 함께 보내는 동료들이 좋은 사람이 어야 하고, 서로 호감을 가져야 한다. 그리고 내가 하는 일이 조직 의 발전에 기여한다는 느낌, 즉 의미 있는 일을 하고 있다는 감각 이 있어야 한다. 이 두 가지가 충족되면 우리는 행복한 팀 생활을 할 수 있다.

인생의 목적은 성장이다

왜 개인의 성장까지 회사가 챙겨야 하는가? 개인의 성장 없이 회사의 성장이 있을 수 없고, 회사의 성장 없이 개인의 성장도 있 을 수 없기 때문이다. 기업은 사람이 하는 것이다. 뛰어난 인재가 기업을 성장시킨다. 팀원 하나하나 엄청난 잠재력이 있고, 잠재력 을 실현해 나아가는 과정이 성장이다.

성장을 위해 필요한 것은 자극, 성장할 수 있는 일, 혁신, 노력, 가슴앓이다. 뛰어난 사람과 함께 일해야 배울 수 있다. 기획만 하 면 안 되고 실행해야 한다. 그래야 진짜로 성장한다. 또 근육을 키

울 때는 자극뿐 아니라 휴식도 필요하다. 적절한 휴식은 성장을
위해 꼭 필요한 요소이기도 하다.

전문성을 키워서 주도적으로 사는 기업가가 돼야 한다

평생직장의 의미는 사라졌다. 100세까지 사는 시대에서 80세
까지는 일해야 하는데, 60세가 넘으면 직장인으로 일하기는 힘들
다. 결국 자기만의 전문성을 키워야 한다. 지금 하는 일로 회사를
차려서 돈을 벌 수 있어야 한다. 그래서 직장인이라는 마음이 아
닌 전문성을 바탕으로 서비스를 제공하는 기업가라는 마음으로
주도적으로 일하며 적극적으로 자기계발해야 한다. 기업가는 기
존의 방법 대신 더 나은 방법을 찾아냄으로써 과거로부터 답습된
과정을 혁신하는 사람이다.

자유롭고 주도적으로 일할 때 최고의 성과가 난다

회사를 위해서 일하지 말고, 팀장을 위해서 일하지 말고, 나를
위해 일하자. 내가 아닌 다른 누군가를 위해 일한다고 생각할 때
인간은 자유롭지 못하다고 느낀다. 일은 나를 위해 하는 것이다.
인재는 통제보다 자유를 선호한다. 근무 시간, 장소, 업무 방식 등

형식으로 통제하지 않는다. 그럴 때 진정한 효율이 나온다. 세세한 것까지 관리하려 하지 말고 최대한 맡기고 가능한 한 기다린다. 그리고 팀장은 의사 결정을 최대한 빨리하고, 리스크에 대한 책임을 진다. 인재가 자유롭게 일하는 과정에서 장애물을 제거해주는 것에 초점을 맞춘다.

팀원은 좋은 의도를 가지고 열심히 일하고, 성숙한 인격을 가진 존재다

팀장은 뛰어난 존재이기 때문에 모든 정보를 독점해도 되고, 팀원들은 아직 부족한 사람들이기에 제한된 정보만 받고 시키는 일만 해야 한다는 생각을 무의식중에라도 하면 안 된다. 팀장과 팀원은 동등한 존재다. 다만 역할이 다를 뿐이다.

팀의 비전, 미션, 해야 할 업무 등을 논의하고 결정하는 과정에 팀원들을 참여시킨다. (인사나 개인사 관련 등 민감한 정보를 제외한) 모든 정보를 가능한 한 투명하게 공개한다. 서로의 발전을 위한 오픈 피드백을 주고받는다. 팀장은 항상 제안을 받아들일 자세가 돼 있어야 한다.

나도 처음 팀장이 됐을 때 위와 같은 철학을 뚜렷하게 정의하고 공유한 것은 아니다. 몇 년간 이런저런 시도를 하고, 경험한 후 이제는 필요하겠다는 느낌이 들어 정리한 것이다.

이 철학은 팀원들에게 먼저 공유했다. 그러면 팀원들이 팀장의 생각과 행동을 예측할 수 있다. '저 사람은 이런 원칙에 의해 움직이는 사람이구나' 하고 팀장의 행동을 이해하게 되면 관계가 깊어지고 안정된다. 다만 팀은 팀장의 원칙만으로 끌고 가도 되는 조직이 아니다. '우리 팀은 어떤 팀이 됐으면 좋겠다'라는 것에 대해 팀 전체가 논의하고 공유하는 과정이 필요하다. 1시간에서 1시간 30분 정도 다음의 질문으로 팀 전체가 토론을 진행한다.

◇ 바람직한 우리 팀원의 모습은 어떤 것인가?
◇ 바람직한 우리 팀의 모습은 어떤 것인가?
◇ 어떤 문화를 가진 팀이 됐으면 하는가?

정해진 형식은 없다. 자유롭게 토론하되 팀장은 의견 내는 것을 최대한 자제하고 팀원들의 의견을 듣는다. 만약 공개된 자리에서 이야기하는 것이 익숙하지 않은 팀이라면 일대일로 팀원들의 의견을 팀장이 수집해서 정리하는 것도 방법이다.

이렇게 되고 싶은 팀의 모습을 정의하면 지속해서 그 모습에 가깝게 가는지 점검할 수 있고, 연말 평가 등 피드백의 기준으로도 사용할 수 있다.

좋은 팀워크는 눈 위를 굴러가는 바퀴다

나는 외향적인 성격이 아니다. 혼자 있는 것, 조용히 있는 것을 좋아한다. 모르는 사람이 많은 자리는 피하는 편이다. 이런 성향인 내가 팀장이 됐다. 팀 분위기를 잘 조성해야 한다는 것은 알겠는데 막상 어떻게 해야 할지 몰랐다. 1박 2일 워크숍, 코가 삐뚤어지도록 술 마시는 회식 등은 나나 요즘 팀원들에게 맞지 않는 옷이라는 생각이 들었다. 그러나 팀원 간에 가깝게 지내는 것은 중요했다. 결국 중요한 것은 본질이니 그것에 집중해 여러 아이디어를 시도해봤다.

팀워크 만드는 방법에 정답은 없다. 팀장의 스타일이나 팀원의 성향에 따라 천차만별이다. 따라서 자신만의 방법을 신중하게 찾아가는 과정이 필요하다.

팀워크가 중요하다는 것은 누구나 안다. 그러나 왜 중요한지에 대해서 깊게 고민해본 적 있는가? '왜'가 결국 목표가 되고, 목표를 명확히 해야 그것을 달성하기 위한 활동을 제대로 설계할 수 있다.

시너지를 내는 팀워크가 성과의 기반이다

첫째, 팀은 여러 사람이 모여 각 사람이 가진 역량의 합보다 큰 힘을 발휘하기 위한 조직 구조다. 시너지가 없으면 굳이 팀으로 일할 의미가 없다. 이 시너지를 위해 팀원들이 한 방향으로 힘을 합쳐 끈끈하게 일해야 한다. 그래야 성과가 발생한다. 팀워크, 즉 서로에 대한 호감, 좋은 감정, 선한 의도는 이 끈끈함을 만들어주는 중요한 요소다.

둘째, 팀원 개인의 역량이 가장 많이 성장하는 경우는 매일 함께하는 동료들로부터 배울 때다. 누구에게나 장단점이 있고, 각기 다른 장점들을 서로 흡수하는 과정은 성장의 밑거름이다. 팀장이 영향을 주는 것은 한계가 있다. 팀원들끼리 서로 자극하고 배우게 하는 문화를 만들면 성장에 가속도가 붙는다. 이를 위해서도 팀워크가 중요하다. 서로를 소중하게 여기고 특히 서로의 성장을 우선순위로 여기는 문화를 만들어야 하는데 이는 서로에 대한 이해와 좋은 감정이 있을 때만 가능하다.

셋째, 우리는 회사에서 매우 긴 시간을 보낸다. 물리적인 시간만 따지면 가족만큼 중요한 것이 동료다. 동료들과 잘 지내는 것은 개개인의 행복에 절대적인 영향을 미친다. 경험해본 사람은 알겠지만 부정적인 인간관계만큼 마음을 힘들게 하는 것은 없다. 반면 일이 힘들어도 사람이 좋으면 회사에 다닐 수 있다.

인간관계는 힘든 직장생활을 이겨내는 큰 힘이다. 또 관계와 분위기가 좋은 팀은 인재를 채용하고 유지하는 데도 유리하다. 인재가 팀에 남으려 하고, 회사 내외부에서도 가고 싶어 하는 이들이 많다. 이런 선순환을 만들면 결국 좋은 사람이 몰리고, 팀 성과도 올라간다.

너무 이상적인 이야기라고 생각하는가? 현실과는 조금 거리가 있는 이야기일 수 있다. 그러나 팀워크 목표를 완벽하게 성취할 수는 없지만 적어도 방향이 그리로 향하게 할 수는 있다. 좋은 팀워크는 눈 위에서 굴러가는 바퀴와도 같다. 처음에는 굴리기 쉽지 않지만 한번 가속도가 붙으면 팀장이 크게 노력하지 않아도 스스로 굴러가며, 그 크기도 점점 커진다.

팀장 혼자 팀을 운영하고 성장시키는 데는 한계가 있다. 그러나 팀워크라는 '구조'를 잘 만들어 놓으면 원하는 방향으로 향하는 든든한 힘이 생긴다. 완벽하지 않아도 좋다. 우선 좋은 팀워크를 위해 할 수 있는 작은 활동이라도 시작해보자.

시너지 내는 조직을 만드는 다섯 가지 방법

팀원들이 팀 생활을 즐겁게 하는 것만큼 팀장에게 보람 있는 일이 있을까? 몇 년 뒤에 돌아보아도 그리운 팀, 팀을 떠나도 계속 연락할 수 있는 평생 동료가 생긴다면? 생각만 해도 미소가 떠오르고 기분이 좋아진다.

지금부터 좋은 팀워크를 만들기 위해 효과가 검증된 다섯 가지 방법론을 소개하고자 한다.

미션 수립: 하나의 목표 바라보기

팀이 하나가 되기 위해서는 명확한 미션(존재의 이유)과 목표가 필요하다. 팀이 존재하는 명확한 이유에 대해 팀원 모두 공유해야 한다.

신사업팀의 존재 이유는 무엇일까? 단순히 새로운 사업을 기획하고 실행하는 것이 아니다. 새로운 영역을 찾고, 진출하고, 성공시키는 정신과 노하우를 만들어 회사 전체에 확산하는 것, 그것을 통해 회사가 목표하는 비전 달성에 기여하는 것이 존재의 이유일 것이다.

마케팅팀의 존재 이유는 무엇일까? 단순히 좋은 프로모션을 진행해서 회사의 매출을 늘리는 것이 아니다. 기억에 남는 브랜드를 만들고 널리 알려 고객들이 사랑하는 회사가 되는 것이 그 이유일 것이다.

우리가 매일 열심히 하는 일들은 과연 무엇을 위한 것일까? 이에 답하기 위해, 작은 꿈보다는 큰 꿈을, 단순한 기능적인 목표보다는 의미 있는 미션을 세우는 것이 좋다. 이를 통해 팀원들이 한 방향을 바라보게 되는 것이다. 팀장 혼자 만든 미션은 힘을 발휘하지 못한다. 팀원들과 워크숍을 통해 만드는 것을 추천한다.

모놀로그(Monologue): 서로에 대해 깊이 이해하기

신뢰와 호감을 갖기 위해 서로를 이해하는 것이 중요하다. 상대방의 철학이나 과거를 이해하면 겉으로 드러나는 행동을 이해할 수 있다. 알고 보면 나쁜 사람 없다는 말이 있다. 그 사람이 그렇게 행동하는 이유를 알면 적어도 미워하지는 않게 된다. 그래서 관계를 맺을 때 중요한 것이 상대를 깊게 이해하는 것이다.

연애 초기를 생각해보자. 주로 어떤 이야기를 나누는가? 내가 그동안 어떻게 살아왔고, 가족은 어떤 사람들이고, 친한 사람들은 누구이고, 무엇을 좋아하고 싫어하고…. 지금의 나를 이해시킬 만한 깊은 이야기를 나눈다.

연애 이후 온전히 자신에 대해 20분 이상 이야기해본 적이 있는가? 사회생활을 하면서 나누는 대부분의 대화는 일상 혹은 다른 사람에 대한 이야기다. 모놀로그란 '극에서 한 배우가 혼자서 혹은 다른 등장인물의 존재 여부에 관계없이 자신의 생각을 소리 내어 말하는 대사'라는 뜻이므로, 나의 역사, 사람들, 가치, 꿈에 대해 깊이 이야기하는 시간이다. 팀 내에서 모놀로그를 진행하기 위해서는 다음과 같은 준비가 필요하다.

① 기획 과정

◇ 팀장이 먼저 자신의 모놀로그를 만든 후 팀원들에게 예시로 발표한다.

◇ 가이드를 바탕으로 각 팀원이 자신의 모놀로그를 준비하게 하자.

◇ 일주일이나 한 달에 한 번 있는 팀 미팅 때 한 명씩 발표하게 하거나(이 경

우 발표한 사람이 다음 발표자를 지목한다) 워크숍 때 모든 팀원이 한 번에 발표한다.

◇ 이후 새로운 팀원이 들어올 때마다 지속해서 실행한다.

② 형식

◇ 텍스트(Text)가 아닌 이미지(사진)만 사용한다.

◇ PPT 배경은 검정색, 애니메이션은 사용하지 않는다.

◇ 시간은 20분 분량으로 준비한다.

◇ 프레젠테이션이 잘 보이도록 조명은 가능하면 어둡게 한다.

③ 주제

◇ 어린 시절, 학창 시절, 가족, 내게 소중한 사람들

◇ 내가 가장 흥미를 느끼는 것, 내게 소중한 것들

◇ 나의 꿈, 나의 가치

준비가 끝나면 사진 몇 장을 띄우고 나에 대한 이야기를 자연스럽게 풀어낸다. 20분 분량을 준비하라고 해도 막상 진행해보면 30~40분을 넘는 경우가 다반사다. 사람들은 생각보다 자기에 대해 이야기하는 것을 좋아한다. 처음에 하기 싫다고 했던 사람들도 마찬가지였다.

처음에는 반신반의하고 귀찮아하던 팀원들이 모놀로그 진행 후 "팀이 더 *끈끈해졌다*"라는 피드백을 줬다. 자기 인생에 대해 이야기하는 것이 처음이라는 말도 많이 들었다.

이 과정은 개개인에게는 인생을 한번 돌아보는 효과가 있다. 또 18명인 팀을 운영할 때는 2주에 한 번, 두 명씩 모놀로그를 진행 했는데 한 사람의 이야기를 듣기 위해 18명이 모여 기다린다는 행 위 자체가 매우 의미 있었다. 나도 수차례 팀원들과 일대일 미팅 을 했음에도 잘 알지 못했던 부분을 이해하는 데 큰 도움이 됐다.

속 이야기를 하려면 술자리가 필요하다고들 이야기한다. 그러 나 술자리에서 나에 대해 온전히 이야기하기는 어렵다. 가십거리 나 그때의 이슈에 대해 떠들 뿐이다. 그러나 모놀로그를 진행하면 모두가 참여하는 것이기에 내향적인 사람도 용기를 낼 수 있다.

서로의 업무 이해하기

팀장은 수시로 팀원들과 교류하기 때문에 각각의 일이 돌아가 는 상황을 알지만 의외로 팀원 간에는 그렇지 못한 경우가 많다. 내가 하는 일에 빠져서 달리다 보면 옆의 팀원이 무슨 일을 하고, 어떤 어려움이 있고, 어떤 성취가 있었는지 돌아보기가 쉽지 않다.

다시 한번 강조하지만 각 개인이 따로 일하려면 팀으로 모이는 의미가 없다. 팀은 하나의 목표를 위해 달려가는 단위 조직이며, 역할이 명확히 나누어진 경우에도 시너지를 낼 수 있어야 한다. 이때 시너지란 각자의 경험과 장점을 기반으로 서로의 업무에 대해 조언하고, 고민을 상담하고, 각자 알고 있는 주변의 전문가 네트워크를 소개하는 등의 행동을 말한다. 이를 위해 서로가 하는 일을 구체적으로 이해해야 한다. 서로의 일을 이해하는 것은 해보지 않은 일에 대한 간접 경험이기에 그 자체가 배움이 된다. 이 과정에서 하나의 미션을 향해 함께 달리고 있다는 결속력도 강화할 수 있다.

서로의 업무를 이해하기 위해 가장 쉽게 시도할 수 있는 것은 업무 공유와 워크숍이다.

① 주간 업무 공유

원노트, 노션 등과 같은 공유 노트에 다음과 같은 간단한 템플릿을 만들어 공유한다. 프로젝트나 주요 업무 단위로 카테고리를 나눈 후, 담당을 기입하고 그중 주간 업무를 작성할 리더를 선정한다. 리더에게는 다음과 같은 내용을 공지한다.

◇ 목표: 프로젝트의 세부 진행 상황을 팀 전체에 공유함으로써 상호 업무 이해 증진

◇ 일주일에 한 번 금요일 오후에 주간 업무 작성하기

◇ 내용은 최대한 간단하게(10분 이상 소요하지 않기, 3개 포인트 내로 적기) 작성하기

내용을 최대한 간단하게 적는 것은 이 작업이 일이 되지 않기 위해서다. 간단하게 적고, 궁금한 사람은 서로 추가적인 질문을 통해 알게 하면 된다. 이렇게 각 작성자들이 업무 작성을 마무리하면 팀장이 팀 전체에 이메일로 공유한다. 각자 공유 노트에서 확인할 수도 있지만 읽을 확률을 높이기 위해 이메일로 보내는 것이 좋다.

② 분기별 워크숍

분기별로는 워크숍을 진행하는 것이 좋다. 연간 계획 수립을 통해 미션과 한 해 할 일을 정하고 달리다가, 분기에 하루 정도는 돌아보는 시간을 갖는 것이 좋다. 한참 달리다 보면 '왜 달리고 있지?' 하고 정신을 살짝 놓게 되는 게 인간의 속성이다. 그래서 미션을 꾸준히 상기시키는 것이 중요하다.

분기마다 돌아보면 미션의 방향과 다르게 달리고 있을 수도 있고 또 우선순위가 낮은 일에 매달리고 있을 수도 있다. 업무의 방향을 미세 조정하고 우선순위를 재점검하는 시간을 가져보자.

〈지난 분기 돌아보기〉

◇ 어떤 일을 했는가?

◇ 성과는 무엇이었는가?

◇ 미션 달성에 맞는 일을 했는가?

◇ 아쉬운 부분은 무엇인가?

〈다음 분기 계획〉

◇ 어떤 일을 할 계획인가?

◇ 미션 달성을 위해 추가해야 하는 일이 있는가?

지난 분기를 돌아볼 때는 주요 성과에 대해 서로 자세히 공유한다. 보고 자료 등의 결과물을 준비하여 상세하게 설명하는 것이다. 성공하면서 쌓인 노하우, 실패하면서 배운 어려움과 교훈도 나눈다. 이 과정이 서로의 성장을 위한 일종의 트레이닝이 된다.

워크숍은 가능하면 사무실을 떠나 외부 공간에서 하는 것이 좋다. 회사에 따로 트레이닝 센터가 있다면 이용하고, 분위기 좋은 카페의 미팅 룸이나 공유 회의실 등을 이용하는 것도 좋다. 사무실에서 진행하면 중간중간 다른 업무에 시간을 빼앗기기도 하고, 일상의 공간에 머물면 새로운 생각이 잘 떠오르지도 않는다.

환영(Welcome): 새로운 팀원의 적응을
적극적으로 돕는 문화 만들기

성장하는 팀이라면 새로운 팀원의 영입이 활발할 수밖에 없다. 이는 새로운 에너지를 팀에 더하는 좋은 일로, 새 팀원을 적극적으로 돕는 문화는 기존 팀원끼리도 서로 자발적으로 돕는 데 큰 도움이 된다.

좋은 사람을 채용했다면 그 사람을 잘 맞을 준비를 하자. 기본적인 것이지만 새로운 팀원이 바로 일할 수 있는 환경을 잘 만든다. 노트북 및 필수 사무용품은 미리 준비하고, 자리도 깨끗이 해놓는다. 센스 있는 작은 웰컴 기프트도 좋다. 꽃, 식물, 머그컵, 회사의 마케팅 용품 등이 그것이다. 이는 작은 배려이지만 회사의 첫인상을 좌우하는 요소로, 팀장이 반드시 세심하게 챙겨야 할 부분이다.

초반에는 식사를 잘 챙겨야 한다. 우리나라 직장인에게는 점심시간이 중요하다. 점심시간에 소외감을 느끼게 해서는 안 된다. 첫날 웰컴 런치를 진행하는 것은 기본이고, 적응할 때까지 혼자 식사하는 일이 없도록 신경 쓴다. 팀장이 바쁘면 신경 쓰지 못할 수 있기 때문에 팀 전체에 당부하고 한 번씩 체크한다. 물론 최근에는 각자 먹는 것이 편한 문화도 있다. 무조건 팀이 같이 식사를 하자는 것이 아니라 새로 들어온 팀원을 초반에 잘 챙기자는 의미다.

일상의 배려와 함께 반드시 진행해야 할 것이 신규 입사자 교육이다. 우선 팀의 미션, 철학, 팀원들에 대한 상세 소개, 회사 전체 미션 및 조직, 전략, 업무 배분 등 전반적인 소개를 팀장이 직접 시간을 투자하여 공유한다. 이후에는 팀원 각자가 해온 일, 하고 있는 일에 대해서 자세히 공유하게 한다. 적어도 일주일, 이상적으로는 2주 동안 진행하고, 각 세션에 많은 시간을 배분한다.

교육은 새로운 팀원이 들어오기 2주 전에는 계획해야 한다. 팀원들이 미리 시간을 빼려면 사전에 계획하는 것이 중요하다. 세심하게 설계된 신규 입사자 교육은 새로운 팀원으로 하여금 '배려 받고 있다'는 느낌과 함께 '체계적인 팀에 잘 들어왔다'는 안정감을 주는 중요한 과정이다.

이후에도 팀장이 적어도 일주일에 두 번 정도(이상적으로는 매일)는 새로운 팀원과 일대일 미팅을 진행한다. 짧아도 좋다. 생활하면서 어려운 점이나 궁금한 점은 없는지 점검한다.

환송(Farewell): 소중한 팀원을 잘 보내주기

팀에 기여한 사람을 잘 떠나보내는 것은 남은 사람들의 팀워크에 있어 매우 중요한 의식이다. 회사 내부에서 다른 팀으로 가거나 다른 회사로 떠나는 모든 경우를 포함한다. 안 좋게 나가는 경우를 제외하면, 환송은 팀장이 반드시 신경 써서 챙겨야 할 과정이다.

한 팀에 평생 있는 사람은 드물다. 누구든 언젠가는 떠난다. 하여 지금 떠나는 누군가를 위한 인정은 언젠가 떠날 나를 위한 것이다. '우리 팀은 나가는 사람에게도 이렇게 따뜻한 팀이구나'라는 생각이 들게 하는 것은 팀워크 증진에 큰 도움이 된다.

선물도 선물이지만 나가는 사람에 대해 마음을 표현할 기회를 주는 것이 중요하다. 나는 반드시 이야기하기 좋은 조용한 방에서 환송 회식을 진행한다. 떠나는 사람과 남는 사람이 일대일로 그동안 서로 고마웠던 일을 이야기한다. 팀원 모두는 이 과정을 지켜본다. 핵심은 팀원 한 사람 한 사람이 떠나는 사람에게 이야기할 기회를 주고, 떠나는 사람도 남는 사람들에게 이야기할 기회를 모두 앞에서 주는 것이다.

보통 떠날 때는 그동안 힘들었던 일이나 불편했던 감정들도 잊히고, 좋은 기억이 남는다. 그래서 이런 환송회 자리를 통해 서로에 대한 긍정적이고 감사한, 그러면서도 아쉬운 감정들을 나누는 것은 팀워크를 한 단계 끌어올리는 데 도움이 된다. 마음이 담긴 선물을 준비하는 것도 좋다.

아침에 일어나서 회사 갈 준비를 한다. 오늘 처리해야 할 일들을 생각하면 버겁다. 그래도 같이 할 팀원들을 생각하면 기운이 난다. 출근하면서 안부를 묻고 가벼운 농담을 나누고, 후다닥 오전 일과를 끝내고 나면 맛난 점심을 먹으면서 에너지를 충전한다. 저녁에는 마음이 통하는 동료들과 맥주 한잔하며 커리어에 대한 고민을 나눈다.

우리 팀은 서로가 하는 일에 관심이 많고, 필요할 때는 먼저 손을 내민다. 자신의 영역보다 팀의 목표를 위해 함께 달리는 기분이다. 배울 수 있는 동료들도 많다. 각자 자신만의 강점이 있으며, 그것을 전수하는 데 적극적이다.

이런 팀에서 일하면서 성장한다는 느낌을 받는다면 일터에서 행복하지 않을 이유가 있을까?

그런데도 자꾸 팀원들이 그만둔다면

뽑고 싶은 사람을 뽑고, 잘 적응하도록 돕고, 팀원들이 모두 원하는 문화를 정의하고, 서로를 이해하고, 자극하는 선순환의 관계를 만들었다면 팀원들의 지속적인 탈출은 '웬만하면' 일어나지 않는다.

그러나 새로 팀을 맡았거나 팀이 무너지는 신호가 계속해서 있었는데 이를 무시했을 때(즉, 좋은 팀 문화를 만드는 활동이 제대로 실행되지 않았을 때)는 팀원들의 연속된 퇴사, 흔히 팀의 붕괴라고 일컫는 사건이 발생할 수 있다.

이미 퇴사나 이직을 하겠다고 마음먹은 사람의 마음을 돌리는 것은 현실적으로 어렵다. 이직이나 퇴사는 인생에서 매우 중요한 의사 결정이기에 온갖 변수와 상황을 고려해서 신중하게 결정할 수밖에 없다. 또 이런 문제에 대해 팀장과 상담을 하기란 쉽지 않다. 나는 팀원들과 개인적인 고민을 터놓을 만큼 가깝게 지내고 커뮤니케이션을 자주 하려고 노력하지만, 고민의 초기부터 이런 문제를 오픈하는 일은 많지 않았다. 무엇보다 팀원 입장에서 팀장에게 이야기하기에 미안한 마음이 크고, 이직이나 퇴사가 공식화되기 때문이다.

팀장에게 이에 대해 말했다는 것은 마음의 결정을 80% 이상 한 것이나 다름없다. 그래도 팀장이라면 반드시 팀원의 마음을 돌리기 위해 노력해야 한다. 그리고 팀원들이 그만두는 근본 원인을 명확하게 파악하며, 이에 대한 개선 조치를 신속하고, 과감하게 실행해야 한다.

팀원들이 그만두는 이유

팀원들이 회사를 바꾸는 이유는 흔히 생각하듯 연봉을 올리기 위해서나 일이 힘들어서는 아닌 것 같다. 특히 좋은 인재일수록 일이 힘들고, 돈을 상대적으로 덜 벌어도 함께 일하는 사람들이 좋고, 그 회사에서의 경험을 통해 성장한다는 확신이 들면 그만두지 않는다.

① 인간관계와 조직 문화의 문제

팀에서 생기는 갈등은 크게 팀장과의 갈등과 팀 동료 간의 갈등 두 가지로 나눌 수 있다.

첫 번째로 팀장과 팀원 간의 갈등이 생긴다면 이는 팀장의 책임이라고 봐야 한다. 팀장은 지금까지 이야기한 다양한 방법론을 연마하여 좋은 리더가 돼야 한다. 더불어 지속적인 인격 수양으로 존경받을 수 있는 리더가 되면 이 문제는 해결된다. 물론 시간이 걸리고 난도가 높지만, 적어도 내 문제는 내가 컨트롤 할 수 있다.

두 번째로 동료들 간의 갈등이 생기면 팀장이 적극적으로 나서서 해결해야 한다. 면담을 통해 서로 싫어하는 이유, 갈등이 유발된 이유를 파악하고 가능하면 팀장이 중재해서 해결한다. 해결이 어려운 주제라면 즉, 근본적인 성향에서 오는 갈등이라면 둘을 최대한 떨어트려 놓는 것이 좋다. 자리도 멀리 배치하고, 가능하면 둘이 같이해야 할 프로젝트를 맡기지 않는다.

사실 이런 문제는 잘 해결되지 않는다. 가장 좋은 것은 문제가 생기기 전에 성숙한 팀 문화를 만드는 것이다. 문화가 잘 형성되면 이런 갈등은 잘 생기지 않는다.

② 성장의 한계가 올 때

맡은 일의 종류, 회사의 성장성, 리더 역량 등의 이유로 더 이상 성장할 수 없겠다는 생각이 들 때 팀원들은 이직이나 퇴사를 생각한다. 그래서 팀장은 반드시 지속적이고 주기적인 일대일 미팅을 통해 팀원들의 생각을 점검해야 한다. '지금 성장하고 있다고 느끼는가?'를 질문하고, 만약 그렇지 않다면 어떤 이유에서인지 깊은 대화를 나눠야 한다.

자기계발 시간 확보를 위해 일을 줄여주거나 혹은 일을 더 주거나 일의 종류를 바꾸어 주어야 할 수도 있고, 사내외 교육을 주선해야 할 수도 있다. 조금 더 배울 수 있는 동료를 배치해야 할 수도 있다. 무엇보다 중요한 것은 '관심'이다. 팀장이 나를 면밀하게 케어한다는 느낌이 필요하다.

③ 멘탈과 체력의 한계가 올 때

번아웃이 오면 수월했던 인간관계도 힘들어지고, 성장한다는 느낌도 받기 어렵다. 모든 일을 긍정적으로 받아들일 체력이 떨어지고, 작은 일도 부정적으로 받아들인다. 멘탈과 체력의 용량은 사람마다 다르다. 평소 팀장은 이를 잘 파악해서 세심하게 관리해야 한다.

함께 일했던 윤 과장은 일을 매우 잘했지만, 체력이 매우 약했다. 특히 출장 후에 몸이 안 좋은 경우가 많았다. 나는 윤 과장에게 일단 해외 프로젝트를 주지 않고, 국내 업무에 집중하게 했다.

그동안 운동과 식이를 조절해 체력 관리할 것을 권하고, 이 기간에는 일을 무리하게 주지 않았다. 이후 체력을 회복한 윤 과장은 이후 힘든 해외 출장도 잘 소화해냈다.

멘탈 측면의 사례도 있다. 신 대리는 선천적으로 의지가 강한 사람이었지만, 주기적으로 자신에 대한 믿음이 떨어지는 습관이 있었다. 그러면 월 2회 진행한 일대일 미팅을 통해 멘탈 상태를 점검하고, 멘탈 지수가 떨어졌다고 판단되면 그의 장점을 상기시켜줬다. 주로 지금까지 걸어온 길, 잘해온 업무와 경력 대비 가지고 있는 장점들에 대해 자세히 이야기했는데 혼자 해외 유학을 다녀오고, 연차에 비해 중요한 프로젝트를 맡아 도전해온 경험을 되짚으며 신 대리가 가진 내적 의지가 매우 강하다는 것을 강조했다. 다만 자신에 대한 엄격한 기준을 가지고 있기에 주기적으로 자신감이 떨어진다는 점도 이야기했다. 이런 과정을 통해 신 대리는 점점 더 단단해졌고, 더 큰 일을 소화할 수 있게 됐으며, 자존감이 낮아지는 주기나 빈도도 점점 개선됐다.

힘든 프로젝트를 끝낸 팀원에게는 최소 3일에서 일주일 정도는 쉬도록 권한다. 전날 업무가 너무 늦게 끝나면 다음 날은 천천히 출근하게 하고, 어쩔 수 없이 주말에 일하는 경우라면 반드시 대체 휴가를 주어 연속으로 일하는 날짜가 길어지지 않게 조정한다.

경기가 아무리 급해도 선수 생명을 보호해야 한다. 그것은 선수를 위하는 길이자 감독을 위한 길이기도 하다. 선수가 꾸준히 잘하는 것이 중요하지, 눈앞의 승리를 위해 번아웃 되게 두는 것은 명백한 팀장의 과실이며 소탐대실일 수밖에 없다.

④연봉이 적다고 느낄 때

회사의 정책이나 유연한 정도에 따라 다르겠지만, 시장의 평균 수준에 비해 우리 회사가 너무 적게 주고 있는 것이 맞고, 떠나겠다는 직원이 핵심 인재라면 때로는 요구 수준을 받아주는 것도 필요하다. 다만 이렇게 돈 때문에 마음이 뜬 사람은 한 번은 잡아도 다시 움직일 가능성이 높다. 우선 잡고 빨리 대안을 찾아야 한다.

일단 팀원을 잡기 위해 최선을 다한다

경험을 바탕으로 냉정하게 이야기하면 퇴직 의사를 밝힌 팀원의 마음을 돌릴 성공률은 30% 미만이었던 것 같다. 그래도 30%가 어디인가? 그동안 팀원을 성장시키기 위해 들인 시간과 노력을 생각해보자. 우선 무조건 잡기 위해 최선을 다해야 한다. 일단 직접 만나서 일대일로 깊은 이야기를 나눌 수 있는 환경을 만든다. 회사 안이 부담스럽다면 외부에서 이야기해도 좋다. 대화가 끝나면 가능한 한 이야기 나눈 내용과 미처 다 전달하지 못한 내용을 이메일로 정리하여 전달한다. 나의 경우는 진심을 이메일로 전달했을 때 효과가 좋았다.

소 잃고 외양간 신속하게 고치기

소중한 인재를 잃었다고 망연자실하고 있을 수 없다. 외양간을 신속하고 과감하게 고쳐야 한다.

내가 처음 팀장을 맡았을 때, 갑자기 두 명의 팀원이 그만둔다고 했다. 충격이었다. 내가 뽑은 팀원은 아니었어도 팀원이 그만둔다고 하는 것은 팀장에게 정신적인 충격과 스트레스라는 것을 처음 알게 됐다. 잡으려고 노력했으나 마음을 돌리기에는 늦었다. 더군다나 새로운 팀장이라 아직 보여준 것도 없고, 신뢰도 없어서 마음을 돌리는 것은 불가능했다.

대신 퇴직 면담을 실시했다. 체계를 갖춘 면담이라기보다 왜 그만두는지 남은 사람들을 위해서 솔직하게 이야기해달라고 부탁했다. 다음은 퇴사자 면담을 할 때 했던 질문 목록이다.

◇ 진짜 퇴사하려는 이유가 무엇인가?
◇ 그동안 회사를 다니면서 가장 힘들고 불편한 점은 무엇이었는가?

◇ 그동안 회사를 다니면서 좋았던 점은 무엇인가?

◇ 한때 몸을 담았던 회사가 발전하기 위해서는 어떤 점이 개선되면 좋겠는가?

◇ 퇴직 후 계획은 어떻게 되는가?

◇ 위에서 이야기한 이유들이 해결되면 재입사할 의지가 있는가?

다행히 떠나는 사람들이라 솔직하게 답했다.

문제는 크게 두 가지다. 먼저 중간 관리자의 리더십 문제였다. 권위적이고, 강압적이고, 일방적인 커뮤니케이션 스타일에 반발한 것이다. 안 그래도 새 팀을 꾸리느라 힘든 상황이었는데 배려심 부족한 리더십 스타일 때문에 이직을 알아봤다가 마침 경쟁사에서 채용하고 있어서 좋은 제안을 받았다는 것이었다.

하나는 사무실의 위치가 문제였다. 당시 사무실은 시내에서 40분 떨어진 곳에 위치했다. 운전을 하면 40분이 걸리는 거리였지만, 버스를 타고 오려면 편도만 한 시간 반이 걸리는 먼 거리였다.

나는 우선 퇴사 의사를 밝힌 팀원들에게 따뜻한 편지와 선물을 챙겨주고 식사도 하면서 잘 보내줬다. 그리고 바로 중간 관리자와 일대일 미팅을 진행했다. 그에게 떠나는 사람들과의 면담 결과를 이야기하고, 어떻게 변화할지 논의했다. 그때그때 즉흥적으로 업무 지시를 하지 말고, 역할을 명확히 해 팀원들이 주도적으로 업무를 진행하게 하고, 중간 관리자는 그것을 점검하고 문제가 있을 때 개입하는 방식으로 일해보자고 했다. 당분간 매일 오전 팀 회의를 진행하고, 그 자리에서 서로 힘든 점과 불만도 이야기하게 했다. 나도 팀원들과 더 자주 면담하면서 리스크를 관리하고자 했다.

그리고 사무실을 옮겼다. 사실 우리 사무실이 반드시 시내 외곽에 있어야 할 이유가 없었다. 본사를 설득해서 시내의 교통 좋은 곳으로 사무실을 옮겼다. 쉬운 과정은 아니었지만 열정을 가지고 회사를 설득했다. 이 과정에서 비용 및 비용 대비 효과를 숫자로 증명했다. 이때 우리 팀뿐 아니라 사업부 전체의 사무실을 옮겼는데, 이런 일이 일개 팀장 한 명의 힘으로 가능할까? 열정과 전략, 정무적 감각을 활용하면 불가능할 것도 없다고 생각한다.

이런 액션을 통해 다행히 추가적인 인재 유출은 막을 수 있었다. 이 일 이후 18명의 팀원 중 1년 동안 떠난 사람은 한 명도 없었다.

팀장은 결국
팀원들에게 인정받아야 한다

팀의 성과와 팀원들의 만족도에 미치는 팀장의 영향력은 절대적이다. 내가 읽은 모든 경영서와 대부분의 경영 구루가 강조하는 것이 바로 팀장, 즉 리더의 중요성이다. 같은 팀원으로 구성된 팀이어도 리더가 누구냐에 따라 팀 성과는 상당한 차이를 낸다.

2002년 월드컵을 떠올려보자. 박지성처럼 새롭게 발탁한 선수도 있지만, 대부분은 원래 대표팀에 있던 선수들이다. 그런데 감독이 바뀐 것만으로 한국 팀은 만년 약체 팀에서 월드컵 4강이라는 기적을 이루어냈다. 스포츠와 비즈니스 영역에서 이런 예는 무수히 많다.

그래서 더욱 리더의 인격이 중요하다. 리더의 인격이 높은 수준이거나 매력적이어야 팀원들이 마음으로 따른다. 실력도 중요하지만, 인격이 뒷받침되지 않은 팀장을 계속해서 존경하고 따르기는 어렵다. 결국 팀장은 실력과 인격 둘 다 중요하고, 인격과 역량도 끊임없이 노력하면 개선될 수 있다.

팀장에게 필요한 태도

팀장에게 가장 필요한 태도를 세 가지 꼽자면 긍정적 태도, 안정적 인격, 그리고 겸손과 배려를 말하고 싶다.

우선 리더는 어떤 일이든 긍정적으로 받아들이는 긍정 필터를 장착해야 한다. 팀장의 에너지 레벨은 팀원들에게 미치는 영향이 크다. 팀장의 에너지가 높으면 팀원들도 그렇다. 부정적인 에너지는 전염성이 강하다. 팀장이 매사를 부정적으로 받아들이고, 불평불만이 많으면 반드시 팀원들도 그렇게 된다. 팀의 분위기가 부정적으로 변하면 일의 성과가 떨어지고, 동기 부여할 방법이 없다.

안정적인 인격도 중요하다. 팀장은 감정적으로 쉽게 흥분하거나, 짜증이나 화를 내지 말아야 한다. 안정적인 감정 상태를 유지하는 것은 조직원들의 심리적 안전망을 형성하는 데 도움이 된다. 인간은 사회적인 동물이고, 오랜 기간의 유목 생활을 통해 조직에서 버려지는 것에 대한 두려움이 본능적으로 크다. 그래서 조직이 안정감을 주는 것은 중요한데, 리더의 안정적인 인격은 이를 위해 필수적이다.

팀장이 쉽게 짜증이나 화를 내면 팀원들은 자신이 팀장에게 좋은 평가를 받지 못하고 있고, 언제든 조직에서 버려질 수 있다는 불안감을 갖는다. 또 솔직한 이야기나 팀장이 싫어할 만한 이야기는 하지 않는다. 소중한 조언을 들을 기회를 놓치는 것뿐 아니라 팀원들이 120%로 일할 수 있도록 동기 부여하는 게 불가능해진다.

마지막으로 겸손한 마음으로 팀원들을 배려해야 한다. 대부분 팀장은 그 팀에서 가장 많은 경험 혹은 역량을 가지고 있는 경우가 많을 것이다. 그래서 팀장 역할을 맡았을 테니 말이다. 그러나 사실이 그렇다 해도 겸손해야 한다. 팀장이 거만하고, 자기만 잘났다고 생각하면 팀원들은 잘난 팀장이 혼자 알아서 하라는 식의 생각을 가질 수 있다. 어떤 사람이든 나보다 나은 점 한두 가지는 가지고 있다. 이런 마음을 가지고 팀원들을 존중해야 한다.

팀장은 팀장 개인의 성과가 아닌 팀 성과로 평가받는다. 나를 버리고 팀을 우선으로 생각할 때 행복과 성과를 모두 잡을 수 있을 것이다.

팀장에게 필요한 인격 수양법

'좋은 팀장이 되기 위해서는 실력만 있으면 된다'는 생각이 뿌리 깊게 박히면 인격 수양을 위해 시간을 내기 어렵다. 직접 겪어온 다양한 리더들을 잘 생각해보면서 인격 수양의 중요성에 대해 스스로 납득하는 시간을 가져야 한다. 인격이라는 것은 주관적인 요소이기 때문에 사람마다 개발하는 방식도 다를 수도 있지만, 내가 추천하는 몇 가지 방식은 다음과 같다.

◇ 독서나 강연 등을 통한 끊임없는 자극

◇ 감사 일기

◇ 명상, 기도, 108배, 요가 등의 수행

◇ 주변 리더들을 관찰하며 간접 경험

◇ 리더십 강의 기획

책은 완성된 생각의 집합체다. 책을 한 권 쓰기 위해서 저자는 자신이 가진 모든 철학과 경험을 구조화된 방법으로 녹여낸다. 그래서 책을 읽는 것은 저자의 인생을 흡수하는 것과 같고, 독서는 인격 수양의 기본이다. 책을 읽으면서 모든 내용을 한 번에 흡수할 수는 없지만, 배움에 대한 자극을 끊임없이 제공한다는 점에서 독서는 중요하다.

감사 일기를 쓰는 것도 좋은 방법이다. 하루에 세 가지씩 감사할 일에 대해 기록하는 습관은 진부해 보이지만 효과가 확실하다. 매일 기록하다 보면 감사할 일이 많다는 것에 놀라고, 감사할 일이 점점 늘어나는 선순환이 생긴다. 그러면 아무리 부정적인 일에서도 감사할 만한 포인트를 찾을 수 있다. 긍정하는 능력의 근육이 길러지는 것이다.

명상이나 기도, 108배, 요가도 모두 같은 원리인데 매일 정신없이 살아가는 일상에서 잠시 벗어나 나를 객관적으로 관찰하는 시간을 제공해준다. 고요한 가운데 자신을 돌아보는 시간은 안정적인 인격을 형성하는 데 도움이 된다.

간접 경험도 추천한다. 주변의 리더들을 볼 때 인격적 측면에서 닮고 싶은 점과 피하고 싶은 점을 관찰하자. 완벽한 사람은 없고, 누구나 장단점이 있다. 살아 있는 표본이야말로 훌륭한 교본이 된다.

리더십 강의를 기획해보는 것도 좋다. 사람은 누군가를 가르칠 때 가장 많이 배운다. 가르치기 위해서는 알고 있는 내용을 잘 정리해야 하고, 아는 내용 중 완벽하게 채워지지 않은 부분이 있다면 더 공부해서 채워야 한다. 가르치기 위해 기획하는 과정에서 아는 것과 모르는 것이 명확하게 정리되며, 더 나아가서 나에게 어떤 점이 부족한지 깨닫게 된다. '이제 막 팀장이 돼 아는 게 없는데 누구를 가르치라는 말인가?'라는 생각이 들 수 있다. 중요한 것은 당장은 아니어도 1~3년 안에 내가 아는 것들을 누군가에게 전달해보겠다는 마음으로 일하는 것이다.

나는 팀장이 된 지 1~2년이 지나면서부터 리더십을 나의 전문 분야로 만들어야겠다는 생각을 가졌다. 그리고 이런저런 시도를 하면서 느낀 점, 성공이나 실패 사례, 사례로부터 얻은 교훈이 무엇인지 기록했다. 3년 차가 되면서부터는 지금까지 느낀 점들을 후배들에게 전달하고 싶다는 마음으로 작은 강의를 기획해 실행하고 있으며, 이런 노력의 결과로 지금은 칼럼과 책을 쓰고 있다.

이 밖에 효과적인 방법이 있다면 어떠한 방법도 괜찮다. 중요한 것은 지속해서 인격적으로 나아지겠다는 마음가짐과 이에 따른 노력이다. 완벽한 인격을 가지는 것은 불가능하다. 하지만 나아지고 싶다는 의지만 있다면 우리는 얼마든 더 나은 사람이 될 수 있다.

좋은 팀장이 되는 데
도움을 주는 책

조금 과장하자면 나는 제목에 '팀장'이 들어간 책은 거의 모두 읽어보았다. 그중에 자신 있게 추천할 만한 것이 다음의 책들이다. 이 책들은 영감을 주는 동시에 리더십에 대한 실질적인 팁을 제공한다. 위대한 리더들의 이야기를 통해 지속해서 자극받기를 기원한다.

◇ 구본형, 《그대 스스로를 고용하라》, 김영사, 2005

◇ 라즐로 복, 《구글의 아침은 자유가 시작된다》, 알에이치코리아(RHK), 2021

◇ 레이 달리오, 《원칙》, 한빛비즈, 2018

◇ 리드 헤이스팅스, 에린 마이어, 《규칙 없음》, 알에이치코리아(RHK), 2020

◇ 마스다 무네아키, 《취향을 설계하는 곳, 츠타야》, 위즈덤하우스, 2017

◇ 사이먼 시넥, 《나는 왜 이 일을 하는가?》, 타임비즈, 2013

◇ 스기모토 다카시, 《손정의 300년 왕국의 야망》, 서울문화사, 2018

◇ 아빈저연구소, 《상자 밖에 있는 사람》, 위즈덤아카데미, 2016

◇ 앤드루 S. 그로브, 《하이 아웃풋 매니지먼트》, 청림출판, 2018

◇ 에릭 슈미트, 조너선 로젠버그, 앨런 이글, 《구글은 어떻게 일하는가》, 김영 사, 2014

◇ 유호현, 《이기적 직원들이 만드는 최고의 회사》, 스마트북스, 2019

◇ 이나모리 가즈오, 《이나모리 가즈오 사장의 그릇》, 한국경제신문사(한경비 피), 2020

◇ 존 고든, 《에너지 버스》, 쌤앤파커스, 2019

◇ 존 도어, 《OKR 전설적인 벤처투자자가 구글에 전해준 성공 방식》, 세종 서적, 2019

◇ 킴 스콧, 《실리콘밸리의 팀장들》, 청림출판, 2019

◇ 테라오 겐, 《가자, 어디에도 없었던 방법으로》, arte(아르테), 2019

◇ 토니 셰이, 《딜리버링 해피니스》, 북하우스, 2010

◇ 피터 센게, 《학습하는 조직》, 에이지21, 2014

초보 팀장을 위한
현실 고민 상담소

보기만 해도 싫고 미운 팀원이 있습니다. 어떻게 마음을 다스려야 할까요?

아마 많은 리더가 같은 문제로 어려움을 겪고 있을 것이다. 나도 비슷한 경험이 몇 번 있었다.

한 번은 역량과 태도 모두 마음에 들었던 팀원이 있었는데 막상 일을 해보니 내가 기대했던 것과 달랐다. 갖춰진 상황에서 관리 업무를 하는 것은 수월했을지 모르나 모든 것을 새롭게 만들어가야 하는 상황과는 맞지 않았고, 무엇보다 부정적인 에너지가 강했다. 그 점이 가장 견디기 어려운 지점이었다.

처음에는 진심으로 나아지기를 바라는 마음으로, 솔직하고 건설적인 피드백을 제공했다. 그러나 충분한 신뢰가 형성되지 않아 그랬는지, 내 피드백을 받아들이지 않았다. 상황은 나아지지 않았고, 결국 적응하지 못한 그 팀원은 합의하에 회사를 그만뒀다. 안타까운 일이지만 서로 오래 괴로운 것보다는 나은 방법이었다고 생각한다.

생각만큼 역량이 빨리 올라오지 않는 팀원을 경험한 적도 있다. 서로 6개월 정도 일을 해보며 맞춰가려고 노력했으나 결국 맞지 않는다는 판단을 했고, 해당 팀원의 장점을 활용할 만한 영업팀으로의 이동을 추진했다. 다행히 영업팀에서 영입 의지가 있어서 이동을 성사시킬 수 있었고, 그 팀원도 성과를 내는 팀원이 됐다.

마지막으로 관계가 아주 좋았던 팀원에게 크게 실망한 적도 있다. 나서 주기를 바랐던 궂은일이 있었는데 이기적이고 개인적인 이유로 거절했고, 그에 대한 논의 가운데서 말투로 인해 상처받은 적이 있다. 마음을 다해 잘해주었던 팀원이었기에 한동안 힘들었지만 '뭔가 사정이 있었겠지', '일시적인 일일 거야', '그동안 나에게 주었던 기쁨에 감사하자'라는 마음으로 넘어갔다. 몇 년 지난 지금은 서로 다른 회사에 다니지만, 아직도 그 시절을 그리워하는 사이가 됐다.

하고 싶은 이야기는 결국 문제는 해결된다는 것이다. 내가 다른 팀에 가든, 팀원이 그만두든 혹은 오해가 풀리든 다 지나간다. 영원히 해결되지 않는 문제는 없다. 물론 관계를 회복하고 상황을 나아지게 만들기 위해 노력하는 것은 좋다. 그러나 사람 문제는 단기간에 해결되기 어렵다. 원래, 누구에게나 어려운 문제라는 것을 받아들이자. 지금은 끝나지 않을 것 같지만 돌아보면 찰나에 지나지 않을 것이다.

MZ 세대 팀원들과 스몰토크 하는 게
어색하고 힘들어요.
어떤 주제로 대화하는 게 좋을까요?

나도 내성적인 성격 때문에 새로운 사람과 자연스럽게 친밀감을 만드는 것이 항상 어렵다. 우선 나는 직장에서 가족이나 친구처럼 친해져야 한다고 생각하지 않는다. 팀원이 성장하고, 행복하게 일할 수 있도록 최선을 다하지만, 그 팀원과 친한 사이가 돼야 한다고 생각하지는 않는다. 바라지도 않는다.

다만 매일 얼굴을 보는 사이이니 어느 정도 친밀한 것이 나쁠 것은 없다. 친밀감을 위해 강력하게 추천하는 것이 바로 모놀로그다. 친밀한 대화를 위해서는 상대방을 잘 알아야 한다. 모르면 표면적인 대화만 할 뿐이다. 그러나 모놀로그를 통해 팀원의 성장 과정, 가치관, 좋아하는 것 등을 알면 할 이야기가 많아진다.

식사 자리나 회식 자리에서 내가 직접 나서지 않아도 팀원들끼리 서로 이해도가 높으니 깊은 대화가 오간다. 그 과정에서 서로에 대한 이해가 더 높아진다. 팀장과 팀원 둘이 있을 때도 할 이야기가 많다. 모놀로그를 하다 보면 팀원들이 좋아하는 영화나 책에 대해 이야기할 때가 있는데, 나는 팀원들이 말한 영화나 책을 꼭 보려고 한다. 그리고 느낀 점을 나눈다. 그렇게 대화하고 이해하기 위한 노력을 하다 보면 가까워질 수밖에 없다. 또 하나의 친밀한 주제는 커리어다. 서로 커리어 목표에 대해 이해하면 할 이야기가 많아진다. 앞서 언급한 내용이 개인적 관심사라면 이것은 공적인 관심사라 할 수 있다.

마지막으로 일대일 미팅을 하면서 개인적인 이야기, 일 이야기, 힘든 점과 좋은 점, 요즘 상태 등에 대해 다양하게 이야기 나눌 수 있다.

일을 맡기고 기다려줘야 한다는 것은 알겠는데,
잘못해도 계속 기다려줘야 하나요?

팀장은 대부분 능력 있는 사람이다. 능력을 인정받았기 때문에 그 자리에 있는 것이다. 그런데 대부분 성격이 급하다. 열정과 급한 성격은 어느 정도 통한다. 열정이 넘친다는 것은 '빠르게' 성장하고 싶다는 의미이기 때문이다. 그래서 팀장은 잘 기다리지 못한다. 하지만 기다려야 한다.

이때 '기다림'이란 적극적인 기다림을 의미한다. 팀장의 실질적인 움직임은 최소화하더라도 적극적으로 관찰해야 하며, 그에 따른 체계적인 성장을 위한 노력을 지속해서 함께해야 한다. 코칭, 커리어 논의, 역량 개발 논의, 피드백 제공 등이 그것이다. 업무의 과정 및 결과에 대해 판단하고 지적하는 행위를 최소화하며 기다리자는 의미다.

일단 일하는 과정에서 생기는 작은 잘못들은 지켜봐 주는 것이 좋다. 설사 실패할 것 같아 보여도 회사에 큰 피해를 입히지 않는 한 지켜보자. 실패도 경험이기 때문에 과정을 일일이 지적하는 것은 스스로 알아갈 기회를 박탈하는 것일 수 있다. 또 일하는 방법이 한 가지만 있는 것은 아니다. 팀장이 아는 방법과 팀원이 실행하는 방법이 다르다고 해서 세세한 것까지 참견하기 시작하면 일하는 과정에 자유가 없다고 느껴서 동기 부여가 떨어진다. 피드백을 하더라도 잘 적어 놓았다가 일의 중간 결과가 어느 정도 나왔을 때 하는 것이 좋다(물론 회사에 큰 피해가 예상되는 경우라면 그때그때 바로 잡아야 한다).

그럼 얼마나 기다려줘야 할까? 정답은 없지만 경험적으로 시니어(12년 차 이상)는 3개월, 주니어는 6개월 정도가 좋다. 그전에 판단하는 것은 이르다. 이 기간이 지나면 본인의 실력을 보여주는 경우가 많았다.

어떤 일을 시키고,
어떤 일을 직접 해야 할지 잘 모르겠어요.

신입 팀장 A: 일단 중요한 것은 성과다. 지금까지 내가 해온 방식대로 일하다 보면 팀은 따라올 것이다. 핵심적인 일은 직접 진행하면서 팀원들에게는 부수적인 일을 지시해야겠다.

신입 팀장 B: 이전 선배들을 보니 팀장(중간 관리자)은 실무를 하는 사람이 아니었으니, 이제부터 철저하게 관리만 하려고 한다. 실무는 팀원들이 알아서 하는 것이다.

두 팀장의 생각 모두 최선은 아니다. 중요한 실무를 팀장이 다

해버리면 팀원의 역량이 발전될 기회가 사라져 결국 팀은 팀장과 그 나머지로 전락하고, 팀 실력의 총합도 팀장 역량 이상이 되기 어렵다. 그렇다고 팀장이 실무를 모두 팀원에게 맡기면 팀원들은 팀장이 실무를 처리하는 사례를 보면서 배울 기회가 사라진다. 이런 팀의 팀원은 현재 실력 이상으로 발전하기 어렵다. 아무것도 보여주지 못하는 팀장을 팀원들이 존경하기 어렵기 때문에 둘 사이에서 균형을 잡아야 한다.

팀 구성 초기(6개월~1년)에는 중요한 프로젝트를 반드시 팀장이 직접 수행해야 한다. 대외적으로는 (상사를 비롯한) 조직 전체에 그 팀의 실력을 증명해 신뢰를 얻어야 하고, 내부적으로는 팀장의 실력을 보여줌으로써 팀원들의 존중을 얻어야 한다. 팀장이 직접 중요한 업무 처리 과정을 보여주면서 팀원들의 역량을 향상시키려는 목적도 있다. 이때 팀원의 역량을 끌어올리고 합을 맞추면서 서로 신뢰를 형성한다.

또 이때 나를 대신해 중요한 업무를 담당해줄 팀원을 키워내는 것도 중요하다. 첫 번째 프로젝트는 팀장과 함께하면서 경험을 쌓게 하고, 두 번째 프로젝트부터는 중요도는 높지만, 시급성이 낮은 일을 전담하게 하여 경험을 쌓게 하자. 시급성에 대한 부담감을 줄여 주면서, 중요한 일을 진행하게 함으로써 역량 향상의 기회를 제공한다.

팀 구성 초반에 핵심 인재를 키워내는 데 성공하면 중반 이후에는 핵심적인 업무 일부도 위임할 수 있다. 믿을 수 있는 팀원을 키우기 위해서는 질 높은 경험을 제공하는 것이 중요한데, 그것을 리더가 계속 쥐고 있으면 팀원이 성장할 수 없다. 불안해도 조금씩 맡겨야 한다.

팀의 규모에 따라서도 관리 구조는 달라질 수 있다. 팀원의 숫자가 많아지면, 관리 업무에 들이는 시간과 에너지가 늘어날 수밖에 없기 때문이다.

소규모 팀(1~3명)이라면 우선 실무에 집중하자. 작은 팀에서 팀장이 관리에 너무 많은 시간을 들이면 실무를 할 사람이 부족할 수밖에 없다. 이 규모에서는 팀의 역량을 증명하면서 크기를 키우는 것도 필요하다. 팀의 크기를 키우는 것도 팀장의 능력이다. 다만 무조건 규모를 키우기보다 조직에서 중요한 일을 해내는 것을 보여주면서 역할을 확대한다고 생각하는 것이 좋다.

대규모 팀(10명 이상)이라면 팀장 혼자 관리 업무를 도맡는 것이 불가능에 가깝다. 이때는 반드시 중간 관리자가 필요하다. 팀원들의 회사 생활이 힘들 때, 동료와 갈등이 있을 때, 일이 잘 풀리지 않을 때는 적절한 조치를 취해야 한다. 이를 위해서는 팀장이 시간을 써야 하는데 인원이 많아지면 물리적으로 어렵다. 팀원들은 방치된다는 느낌을 받고, 자신의 업무 성취에 대한 불안감이 높아진다. 그래서 대규모 팀의 경우 중간 관리자를 두어 관리 영역도 일정 부분 위임해야 한다.

힘들어 보이는 팀원이
속마음을 털어놓지 않아요.
어떻게 하면 팀원의 마음을 알 수 있을까요?

팀원들이 모든 것을 솔직하게 팀장에게 이야기하기를 바라는 것은 욕심이다. 팀장은 기본적으로 어려운 존재다. 어제까지 같은 팀원이었다가 오늘 갑자기 팀장이 된 경우에도 그날부터 거리와 벽이 생긴다. 팀장에게 하는 이야기는 평가나 업무 배치 등 공적인 영역에 활용이 될 것 같고, 고민을 털어놓으면 약해 보이거나 업무에 집중하고 있지 않다는 의도로 전달될 수 있다.

그래서 팀원들의 말에 귀 기울이되, 다각도로 정보를 수집해야 한다. 만약 팀원 A가 많이 힘들어 보이는 상황이라고 가정하자. A의 진짜 속마음에 대해 알고 싶다면 A와 친한 B와 C에게 한 번 씩 A의 상황을 물어보는 것이 좋다. 잘 모르겠다고 하면 평소 A가

의지하는 D에게 A와 깊게 이야기해보라고 권하는 것도 방법이다.

어느 정도 이상 징후가 발견되면 A와 일대일 미팅을 평소보다 자주 한다. 아무래도 자주 이야기하다 보면 어느 시점에 속마음을 이야기하기 마련이다. 평소에 일하는 것도 유심히 관찰한다. 회의 시간의 발언 빈도와 내용, 평소 식사 때의 태도 등 세심한 관찰을 통해 중요한 정보를 얻을 수 있다. 즉, 나에게 직접 이야기하는 것뿐만 아니라 다른 사람의 의견, 직접 관찰하는 것 등 다양한 채널을 통해 종합적인 정보를 수집하여 판단하자는 이야기다.

다만 이 모든 행동은 팀원을 감시하기 위함이 아니다. 이 목적을 서로 충분히 공감하면 팀장의 노력은 진정한 관심으로 여겨질 것이다.

도저히 일할 마음이 없는 팀원에게 어떻게 동기 부여할 수 있을까요?

일할 마음이 없어 보인다고 팀원을 포기하기 시작하면 나중엔 일할 팀원이 없을 수도 있다. 포기하면 팀장만 손해다. 정말 어쩔 수 없는 상황이라면 팀원을 다른 팀으로 보내거나 이별할 수도 있지만, 이는 정말 최후의 수단이어야 한다.

먼저 세심한 관찰, 제3자 의견, 일대일 미팅을 통한 깊은 대화 등을 통해 일할 마음이 없는 이유를 정확하게 파악하는 것이 중요하다. 생각해볼 수 있는 이유는 다음과 같다.

　◇ 번아웃이 왔다. 체력도 떨어졌다.
　◇ 열심히 해봤는데 성과가 나지 않아 자존감이 많이 떨어졌다.

◇ 예전 팀장과의 갈등 때문에 열심히 하지 않는 것이 습관이 됐다.

◇ 직장 생활을 하면서 한 번도 성장을 자극해준 상사가 없었다.

◇ 육아, 이별, 가정사 등 개인적으로 힘든 일이 있다.

◇ 원래 회사에 관심이 없다. 회사는 그저 월급받는 곳이고, 사이드 프로젝트를 하거나 취미 생활에 집중하는 등 퇴근 이후의 삶에 더 관심이 많다.

◇ 급여가 적어서 열심히 하고 싶지 않다.

물론 해결할 수 없는 문제도 있지만, 많은 경우 팀장의 영향력으로 도와줄 수 있다. 또 팀장이 팀원의 문제에 관심을 가지고 들어주는 것만으로 동기 부여의 시작이 될 수 있다.

많은 직장인의 경우, 왜 일을 열심히 해야 하는지에 대해 고민조차 해보지 않는 경우가 많다. 또 많은 팀장이 직접적인 피드백을 꺼리기 때문에 그냥 '쟤는 원래 저런 애', '어쩔 수 없는 팀원'으로 생각하고 상황이 흘러왔을 가능성도 적지 않다. 그렇기에 대화를 시도하고 원인을 파악한 후 자극하고 타이르면, 마음을 돌릴 팀원이 있을 것이다.

팀 차원에서는 전체적으로 열심히 하는 분위기를 만드는 것이 중요하다. 전체적인 분위기가 그러한데 혼자서만 섬처럼 대충 일할 사람은 많지 않다. 면접 때부터 혹은 팀을 처음 맡을 때부터 원하는 팀의 목표를 이야기하여 기대 수준을 설정하자. '일하는 8시간 동안 모두 함께 집중해서 치열하게 일하는 팀', '회사가 아닌 나의 성장을 위해서 최선을 다하는 팀', '조금 고생스러워도 성장이라는 보상을 받을 수 있는 팀' 등 틈날 때마다 이런 철학을 공유하자. 한 사람 한 사람 이런 철학에 동조하며 동기 부여가 되기 시작하고, 이런 사람이 다수가 되면 팀은 자가발전하게 돼 있다.

팀원들 워라밸과 팀 차원의 성과 중 무엇이 먼저일까요?

결과적으로는 둘 다 중요하다. 워라밸 없이 성과만 내라는 요구는 지속 가능할 수 없다. 요즘은 더 그렇지만, (정도와 표현의 차이가 있을 뿐) 예전에도 그랬을 것이다. 일정 기간 이상 무리하게 달려서 건강을 잃고, 번아웃이 되어 버리는 시간과 에너지를 감안하면 꾸준하게 오래가는 것이 총합 차원에서는 더 현명한 선택일 수 있다.

그래서 팀을 운영할 때는 항상 지속 가능성을 염두에 두어야 한다. 그러나 회사 일은 나인 투 식스(9 to 6)로만 해결할 수 없는 경우가 많다. 일의 속성 때문이다. 특히 마감일이 정해진 일들(프로젝트, 이벤트, 신제품 런칭, 신사업 추진 등)은 마감일 전에 에너지를 투입할수록 성과가 높아지기 때문에 분명 무리하게 되는 시기가 존재한다. 그래서 나는 폭풍처럼 무섭게 몰아치다가, 잔잔한 호수 같이 완전한 휴식 취하기를 권한다. 예를 들어 중요한 프로젝트를 위해 계속 야근을 했다면 프로젝트가 끝난 후 충분한 휴식을 취하게 한다. 3~5일 정도 특별 휴가를 주고, 필요하면 연차도 붙여서 쉬게 한다. 예전에는 회사 눈치를 보느라 이런 식의 휴가를 주지 못했지만 요즘의 분위기나 제도를 잘 활용하면 충분히 가능한 일이다. 열심히 해야 할 때는 열심히, 쉴 때는 확실히 쉰다는 분위기가 보장되면 팀원들도 달릴 때 조금 더 편안한 마음으로 달릴 수 있다.

한 번 강도가 센 일을 진행했다면, 그다음에는 중간 강도의 일을 배치하려고 노력한다. 강도가 센 일을 진행할 때도 지나치게 무리하지 않도록 세심하게 관찰하면서 조정해줘야 한다. 다른 팀원을 붙이거나 프로젝트 보고 일정 등을 미뤄주는 식으로 말이다.

덧붙여 성과를 내기 위해서 반드시 야근해야 한다는 고정관념도 버려야 한다. 나도 야근을 습관적으로 하는 사람으로서 한때는 야근하는 것을 열심히 하는 것, 오너십을 가지고 일하는 것이라고 생각했다. 그러나 이것은 좀 낡은 생각이라고 생각한다. 중요한 것은 순 생산량이다. 즉, 능력이 있고, 집중력도 높아서 남들이 11시간에 하는 일을 8시간 안에 해낸다면 그것이 더 나은 것이다.

일하는 시간에 집착하지 말자. 야근을 강요하는 순간, 나의 성장을 위해서 일하는 것이 아닌 팀장이, 회사가 강요해서 일하는 것이 돼 버린다. 그러면 역량을 충분히 발휘하기 어렵다. 억지로 야근하면서 80%로 일한다면 결국 8시간 동안 120% 일하는 인재보다 더 나은 성과물을 만들기 힘들다.

모두가 열심히 했다고 하는데 성과 평가를 어떻게 해야 할까요?

자신의 능력과 성과에 대해 객관적일 수 있는 사람은 많지 않다. 이것이 승진, 연봉 인상, 성과급 등과 연결되는 평가라면 더욱 그렇다. 누구나 부정적인 평가를 받아들이기란 쉽지 않다. 실제로 평가 피드백을 주는 자리에서 거센 저항을 경험한 적도 있다.

그래도 평가는 냉정해야 한다. 팀원의 성장을 위해 매우 중요한 절차 중 하나이기 때문이다. 평가란 자기 자신을 객관적으로 바라볼 수 있게 하는 과정이다. 마음이 약해져서 소극적으로 평가한다면 팀원의 소중한 성장의 기회를 뺏는 격일 수 있다. 평가시 몇 가지 유의해야 할 사항은 다음과 같다.

첫째, 평가는 '결과'에 대한 것이지, '과정'에 대한 것이 아니다.

즉, '얼마나 열심히 했는가'가 평가에 고려 대상이 돼서는 안 된다. 무 자르듯 자르기 힘든 부분이지만, 과정이 섞이면 냉정한 평가가 되기 어렵다. 업무 성과에 대한 평가라면 당초 목표했던 숫자나 눈에 보이는 결과물 대비 달성도, 역량에 대한 평가라면 연차 수준 대비 현재 수준을 평가해야 한다. 평가 전에 평소에 평가 기준과 철학을 알려주면 저항이 덜할 것이다. 평소 피드백은 과정에 대해서도 하는 게 좋다. 하지만 평가만은 결과 위주로, 나의 현주소를 알게 해줘야 한다.

두 번째, 단순히 평가 결과만을 이야기하면 안 된다. 보통 성과와 역량으로 나누어 평가하는데, 점수든 등급이든 평가의 근거를 자세히 이야기해야 한다. 그동안 피드백하면서 모아두었던 팩트를 활용하고, 종합적으로 그 사람에 대해 관찰한 사실을 최대한 자세히 기록해두자. 최악은 점수나 등급을 시스템이나 이메일로 통보하는 것이다. 반드시 직접 얼굴을 보고 최소 1시간은 할애하여 이야기해야 한다.

세 번째, 평가까지의 과정도 중요하다. 앞서 이야기한 것 같이 적어도 한 달에 두 번 정도 일대일 미팅을 진행하면서 업무 성과 및 역량에 대한 피드백을 정기적으로 제공한다. 그러면 평가에 대해 충분히 소화할 수 있고, 불편한 이야기도 자주하면 반감을 최소화할 수 있다.

결국 신뢰가 중요하다. 신뢰가 전제돼 있다면 웬만한 부정적인 평가도 받아들이게 마련이다. 평소의 말과 행동을 통해 팀장의 평가가 분명 객관적일 것이며, 나를 위한 조언이라는 믿음을 주는 것이 중요하다.

팀원의 의견과 상사의 지시 사이에서 어떻게 중재해야 할까요?

팀원의 의견을 조직에 관철시키는 것은 팀장의 중요한 능력 중 하나다. 열심히 했는데 결국 임원 마음대로 의사 결정이 된다면 실무자로서 일할 맛이 나겠는가? 물론 임원의 의견을 존중하는 것은 조직 사회에서 필요한 일이다. 그러나 실무는 실무자가 가장 잘 알고, 가장 많이 고민할 수밖에 없다. 실무자에 대한 믿음이 있다면 그 의견이 반영되게 해줘야 한다.

팀원의 의견을 관철시키기 위해서는 일할 때 초기 세팅이 중요하다. 상사와 함께 업무의 이유 및 전반적인 방향성에 대해서 충분하게 논의한 후에 실행시키는 것이 좋다. 첫 단추부터 엉뚱하게 끼우면 간격은 벌어질 수밖에 없다.

갑작스러운 보고를 줄이고, 주기적인 사전 보고를 하는 게 좋다. 상사 혹은 임원은 다양한 주제에 대해 고민하고 의사 결정을 하는 사람이다. 갑작스러운 정보를 보고받으면 멈칫할 수밖에 없다. 중간보고나 평소 일상적인 대화를 통해 현재 팀이 진행하는 일에 대해서 수시로 업데이트해주는 것이 좋다.

일상적인 보고는 팀장이 틈날 때마다 하지만 정기 보고는 실무자가 직접 하게 하는 것도 방법이다. 물론 실무자의 역량이 아직 부족하다면 팀장이 하는 게 좋지만, 팀장도 여러 사안을 다루기 때문에 모든 디테일을 파악하기 어렵다. 중간 전달 과정에서 정보를 누락하거나 왜곡할 위험도 있다. 또 직접 실무자가 상사와 의견을 주고받으면 추후 혹시나 방향성이 달라져도 그에 대한 팀원의 수용성이 커진다.

나머지는 정치의 영역이다. 이를 정무적 감각이라 부르는데, 꼭 부정적으로 여길 필요는 없다. 일을 잘한다는 것은 결국은 원하는 대로 일을 만들어낸다는 의미다. 그중 가장 중요한 것이 의사 결정자의 마음을 움직이는 것이다. (사람마다 다르지만) 대부분 임원은 본인의 영향력을 증명하고 싶어 한다. 임원이 하는 모든 일에 반대하고 실무진의 손만 들어서는 반발심만 생겨 오히려 어려움을 겪을 수 있다. 실무진의 의견과 달라도 때로는 임원의 말을 군말 없이 따라줄 필요가 있다. 한 수 접었다가 돌아가는 것도 방법이다. 때를 기다리는 것이다. 상황은 변하게 마련이고, 기다리다 보면 다시 팀의 의견을 전달할 기회가 올 것이다.

업무 시간에는 관리 업무를 하고
퇴근 이후나 주말에 밀린 업무를 소화하고 있어요.
시간 관리를 위한 효과적인 방법이 있을까요?

사람을 키우고, 성과를 체계적으로 관리하고, 좋은 팀 문화를 만들어야 하는 것은 알지만 시간과 여유가 없다. 아마 대부분의 팀장이 하는 고민일 것이다.

최선을 다해 열심히 일하는 것은 좋지만 만약 쫓기듯 일하고 있다면 무언가 잘못된 것이다. 이대로 가다가는 일한 만큼 성과는 안 나오고, 다시 성과를 내기 위해 팀원들을 쪼고, 팀원들은 번아웃이 된다. 그리고 그 여파는 나에게도 온다. 이 악순환의 고리를 끊어야 한다.

팀장의 시간 관리를 위해 중요한 것은 팀 역량을 끌어 올리는 것이고, 이를 위해서는 몇 가지 방법이 있다.

우선 팀원의 수를 늘리는 것이다. 단순히 숫자만을 늘리는 게 아닌 팀에 필요한 역량을 가진 인재를 채용해야 한다. 직접 교육, 외부 교육, 피드백 등을 통해 팀원 개인의 역량도 끌어 올린다. 외부 전문가를 활용하는 것도 방법이다. 팀 내에 전문성이 부족하다면 외부에서 고문이나 인턴, 아르바이트 등을 채용하여 팀원들의 일을 덜어주고 전체적으로 생산성을 올릴 만한 방법을 찾아야 한다.

모든 것을 직접 하려면 한도 끝도 없다. 팀장이 한 달 정도 자리를 비워도 팀이 돌아가는 체계가 만들어져야 한다. 그것이 고수다. 역할을 위임해야 팀원들도 성장한다. 팀원들에게 적절한 책임과 권한을 주고 일을 분배해야 한다.

마지막으로 우선순위를 확실히 정해야 한다. 팀장으로서 직접 추진해야 하거나 힘을 주어야 하는 일 몇 가지만 정한 다음, 거기에 시간과 에너지를 집중해서 투입한다. 그 영역에서 벗어나는 일은 과감하게 위임하거나 일 자체를 없애는 것이 좋다. 우선순위가 높은 일, 예를 들어 채용, 교육, 일대일 미팅, 팀의 미래를 고민할 시간, 직접 챙겨야 하는 프로젝트 등 미리 시간을 빼놓고, 어쩔 수 없는 경우가 아니라면 이 시간만큼은 반드시 사수해야 한다.

중요한 것은 더 열심히 하는 것이 아니라 일이 돌아가는 구조를 만드는 것이다. 개인이 희생해서 전체를 지탱하는 구조는 지속 가능할 수 없다. 팀 역량 향상, 위임, 우선순위화를 통해 근본적인 팀의 생산성을 극대화하여 지속 가능한 성과 창출 구조를 만들어야 한다.

팀장인 제가 번아웃이 되면
어떻게 해야 하나요?

자기 관리를 못 하는 팀장은 어떤 것도 이룰 수 없다. 리더십은 고도의 에너지를 필요로 하는 정신노동이다. 정신적으로 건강한 상태를 유지해야 하며, 이를 위해 체력을 유지하는 것도 중요하다.

번아웃은 사전에 방지해야 한다. 그러나 일단 번아웃이 왔다고 느끼면 당장 모든 것을 내려놓고 휴식을 취해야 한다. 일주일 정도 완전히 쉴 수 있으면 가장 좋다. 힘들다면 주말을 포함하여 3~4일이라도 휴가를 내자. 휴가 동안에는 일과 철저히 거리를 둔다.

생각보다 회사는 내가 없어도 잘 돌아간다. 문제가 생겨도 돌아가서 수습하면 된다. 팀 차원에서도 번아웃이 온 팀장을 견디는 것보다는 차라리 당분간 없는 것이 낫다. 충분히 자고 먹고 싶은 것을 먹고 좋아하는 일을 하자.

며칠 휴가 내기도 어렵다면 생활 리듬을 바꿔보자. 우선 잠을 조금 늘리는 것이 좋다. 잠이 모자라면 예민해지고 안 좋은 생각이 많이 든다. 평소보다 조금 늦게 출근하고 조금 일찍 퇴근하면서 수면 시간을 조절해보자. 운동을 늘리는 것도 좋다. 평소 운동을 하지 않았다면 일주일에 한두 번이라도, 그마저 부담스럽다면 하루 30분 걷기라도 시작하자. 경험상 운동만큼 체력을 회복하고 유지하는 데 좋은 것이 없다. 성공한 대부분이 꾸준하게 운동하는 데는 이유가 있는 것이다.

좋아하는 사람들을 만나서 "선배, 저 힘들어요"라고 편하게 이야기하는 것도 위로가 된다. 예전에 읽었던 책 중 나를 일으켜 세웠던 책을 다시 보는 것도 좋은데, 나의 경우에는 존 고든의 《에너지 버스》, 스기모토 다카시의 《손정의 300년 왕국의 야망》, 구본형의 《그대 스스로를 고용하라》 등이 크게 동기 부여가 됐다.

번아웃은 누구에게나 온다. 그리고 이러한 과정을 잘 이겨내면 더 단단해진다는 사실을 잊지 말자.

효과적인 회의 진행을 위해서는
어떻게 해야 할까요?

회의에 대한 다음의 원칙을 잘 기억하자.

◇ 회의는 정말 필요한 경우에만 한다.

◇ 회의의 목적을 명확히 한다.

◇ 회의 중에는 필요한 말만 한다.

◇ 회의가 끝나면 반드시 회의록을 정리하고, 후속 조치(누가, 언제까지)를 명

확히 한다.

◇ 다음 회의에는 후속 조치의 실행 여부를 확인하는 것으로 시작한다.

팀장이 된 초반에 의욕이 넘쳐 회의를 자주 소집하는 경우가

있다. 그런데 회의가 많으면 팀원들이 일할 시간이 줄어든다. 회의는 꼭 필요한 경우에만 하고, 회의를 시작할 때는 가장 먼저 '이 회의는 왜 하는가?'에 대해 공유한다. 의사 결정을 위한 것인지, 단순 정보 공유를 위한 것인지, 심층 토론을 위한 것인지 그리고 핵심 주제는 무엇인지 상기한 다음 시작하자.

회의의 목적은 많은 사람의 아이디어를 모으는 것이다. 그런데 팀장이 대부분의 발언을 주도하면 팀원들은 점점 수동적이 되고, 회의할 이유도 사라진다. 그냥 메일로 공지하는 것이 더 효과적일 것이다.

회의 후 회의록을 정리하는 것도 중요한데, 회의 전에 회의록을 작성할 사람을 지정하고(그렇지 않으면 모두가 회의에 집중하지 않고, 팀장의 말을 적기에만 바쁠 수 있다) 중요 논의 사항, 의사 결정 사항, 필요한 후속 조치 순으로 정리한다.

중요한 것은 후속 조치다. 회의만 하고, 실행하지 않는다면 소중한 시간을 들여 회의한 의미가 희석된다. 누가 언제까지 어떤 후속 조치를 해야 하는지 회의가 끝나기 5분 전에 팀장이 명확히 짚어주는 것이 좋다. 다음 회의 때는 이것을 먼저 확인하고 시작한다.

**월간, 분기, 연간 계획과 목표는
어떻게 수립해야 할까요?
기준이나 방법이 있나요?**

계획과 목표는 팀과 함께 세우는 것이 좋다. 누군가가 세운 계획을 받는 것보다 스스로 세운 계획을 실천해 나아가는 것이 더 큰 동력을 지니고, 큰 그림 즉 팀 존재의 이유를 돌아보면 중요한 활동을 빠뜨리지 않고 기획할 수 있다. 팀원들과 연간 팀 운영 계획 수립 워크샵을 진행하기를 추천한다.

STEP 1: 미션 논의

다음의 핵심 질문에 대해 답하는 과정으로 진행한다. 팀원이 8명이 넘으면 두 팀으로 나누고, 그 이하는 모두 함께 논의한다.

이때 팀장의 역할이 중요하다. 차례차례 첫 번째 질문부터 던지고, 팀원들이 내는 의견의 핵심을 짧게 화이트보드에 적는다. 세 개의 질문을 한 후 한 번씩 정리하고 넘어간다.

우리에 대한 이해	• 왜 회사는 우리 팀을 필요로 하는가? • 우리 팀의 주요 고객 및 이해 당사자는 누구인가? 그들이 우리에게 기대하는 것은 무엇인가? • 우리 팀이 해결하고자 하는 핵심 문제는 무엇인가?

핵심 가치 정의	• 우리의 핵심 활동은 무엇인가? • 우리는 어떤 가치를 전달하는가? 전달할 수 있는가? • 우리 팀의 장점과 약점은 무엇인가?

미래를 그려보기	• 우리 팀은 회사에 어떤 영향을 미칠 수 있는가? • 5~10년 뒤 우리 팀의 모습은 어때야 하는가? (꿈을 크게 가지세요.) • 이 팀을 향한 나의 꿈은 무엇인가? 나는 어떻게 기여할 수 있는가?

위의 물음에 끝까지 논의하고 나면 팀 미션을 정할 수 있는 많은 재료가 생긴다. 이 재료를 잘 조합하여 팀 미션을 작성해본다. 다음과 같은 템플릿을 인쇄하여 팀원들이 각자 어떻게 기여할 수 있을지에 대해 작성한 후 공유하는 시간을 가진다. 전부 돌아가며 이야기해도 좋고, 시간이 부족하면 몇 명만 해도 좋다.

팀의 미션 (존재의 이유)	
나의 다짐 (미션에 기여)	

막상 진행해보면 매우 의미 있는 결과물이 나온다. 완벽하고 멋진 미션을 만드는 것보다 팀원들과 함께 팀 존재 이유에 대해서 고민하고 토론한다는 사실이 훨씬 더 중요하다.

STEP 2: 전년도 돌아보기

팀원들에게 자유롭게 전년도에 한 일에 대해 이야기해보자고 한다. 팀장은 이를 화이트보드에 적는다. 적다 보면 '우리 팀이 정말 많은 일을 했구나'라는 생각이 절로 든다. 우선 모두 수고했다는 말을 해주는 것이 좋다. 활동 나열이 끝나면 좋았던 점(스스로 자랑스럽게 생각한 부분)과 아쉬운 부분에 대해서 논의한다.

지난해에 한 일을 돌아보는 것은 앞으로 해야 할 일에 대한 힌트를 얻기 위함이다. 비판하기보다 발전적인 자세로 임할 수 있도록 논의를 잘 이끌어야 한다.

전년도 활동 리스트업	좋았던 부분 (자랑스러운 점)	개선해야 할 부분
1. 2. 3.	1. 2. 3.	1. 2. 3.

STEP 3: 올해 활동 및 KPI 정의하기

올해 활동을 정리한 후 팀의 KPI를 정한다. '핵심 활동이 성공적으로 수행됐다는 것을 어떤 지표로서 평가할 수 있을까?'라는 질문을 놓고 치열하게 논의한다. KPI를 보고를 위한 보고로 생각하는 경우도 있는데, 이는 관리에 있어 핵심적인 정보다. 숫자만 보고도 활동이 잘되고 있는지 안 되는지 판단할 수 있어야 한다.

◇ 작년 활동 중 계속해야 하는 활동은 무엇인가?

◇ 미션 달성을 위해서 추가로 해야 하는 활동은 무엇인가?

◇ 올해 시장 상황이나 회사 상황에 맞추어 특별히 해야 하는 활동은 무엇인가?

KPI 항목을 정한 후에는 그 목표 수준을 정한다. 이때 사용하는 원칙은 '합리적인 수준에서 공격적으로(Reasonably stretched)' 목표를 잡는 것이다. 지난해 KPI를 보고, 올해 상황을 고려하여 15~30% 사이의 상향된 목표를 정한다. 목표가 너무 낮으면 안일해질 수 있고, 너무 높으면 비현실적이어서 달성하고자 하는 의지가 생기지 않는다. 중간 수준에서 팀원들과 잘 결정하자.

STEP 4: 올해 활동 우선순위화 및 로드맵 작성

위에서 작성한 올해 활동 리스트 중 중요도와 시급성을 고려하여 우선순위를 정한다. 그다음 로드맵을 그려본다. 각 업무의 시작 시점을 설정하고 소요 시간을 계산하여 일이 몰리지 않도록 인력 배분을 하기 위한 과정이다. 다음 페이지의 표와 같이 정리해보면 된다.

팀장은 평소에 팀원들과 나무 한 그루 한 그루를 잘 심고 가꿔야 하지만, 적어도 분기별로는 팀원들과 함께 멀리 떨어져서 숲을 조망하는 과정이 필요하다. 팀이라는 배가 맞는 방향으로 가고 있는지 나침반을 점검해야 한다. 이런 과정이 나침반이 돼줄 것이다.

[2023년 업무 로드맵]

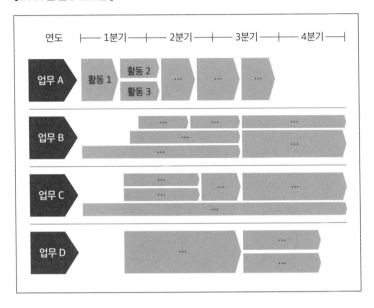

이 책은 일하는 사람들을 위한 커리어 지식/정보 서비스 '퍼블리(publy.co)'에서 발행한 〈팀원을 프로로 만드는 법: 성장의 파트너가 되어주자〉 등을 기반으로 내용을 보충해 출간했습니다.

팀장의 본질

초판 1쇄 인쇄 2022년 10월 14일
초판 1쇄 발행 2022년 10월 26일

지은이 장윤혁
펴낸이 이경희

펴낸곳 빅피시
출판등록 2021년 4월 6일 제2021-000115호
주소 서울시 마포구 월드컵북로 402, KGIT 16층 1601-1호

ⓒ 장윤혁, 2022
ISBN 979-11-91825-60-2 03320